Margit Bohdalek

Der schamanische Zahlenkreis

DER SCHAMANISCHE ZAHLENKREIS

Margit Bohdalek

//////////////////////// SILBERSCHNUR ✤ VERLAG

Alle Rechte vorbehalten.
Außer zum Zwecke kurzer Zitate für Buchrezensionen darf kein Teil dieses Buches ohne schriftliche Genehmigung durch den Verlag nachproduziert, als Daten gespeichert oder in irgendeiner Form oder durch irgendein anderes Medium verwendet bzw. in einer anderen Form der Bindung oder mit einem anderen Titelblatt als dem der Erstveröffentlichung in Umlauf gebracht werden. Auch Wiederverkäufern darf es nicht zu anderen Bedingungen als diesen weitergegeben werden.

Titel der Originalausgabe: "Le Chamanisme.Jeu des Dimensions"
© Copyright der Originalausgabe 2012, Editions Véga

© Copyright der deutschen Ausgabe 2015, Verlag »Die Silberschnur« GmbH

ISBN: 978-3-89845-466-7

1. Auflage 2015

Gestaltung & Satz: XPresentation, Güllesheim
Umschlaggestaltung: XPresentation, Güllesheim; unter Verwendung eines Motivs von © Elena Schweitzer, www.fotolia.de
Druck: Finidr, s.r.o. Cesky Tesin

Verlag »Die Silberschnur« GmbH · Steinstr. 1 · 56593 Güllesheim
www.silberschnur.de · E-Mail: info@silberschnur.de

INHALT

Einleitung: Schamanismus	7
Orientierung im Kreis	21
Die Heilkraft der Erde	25
Die Zahlen 1 bis 21	31
Rituelle Astrologie	77
Epilog	111
Über die Autorin	121

Einleitung: Schamanismus

Der Schamanismus ist die älteste Wissenschaft der Erde, er erklärt die Beziehung zwischen den Menschen und den Naturkräften. Das Konzept der energetischen Beziehungen aller Wesen und aller Materie auf der Erde, die Struktur des Unbewussten, die zwischenmenschlichen Beziehungen, unsere Verbindung zur Erde und die Verknüpfung zwischen der energetischen und der materiellen Welt, zwischen Vergangenheit und Zukunft, Energieströme auf der Erde, die man in ihrer Kraft wahrnehmen kann, das Heilen von Orten und Seelen oder auch das Ins-Licht-Schicken unserer Ahnen – all das sind Themen des Schamanismus. Er ergründet die natürlichen und zyklischen Abläufe und erklärt Entfaltung, Wachstum, Heilung, natürliche und übernatürliche Magie.

Es ist möglich, die Beziehungen zwischen der materiellen Welt, den Machenschaften und Glaubenseinstellungen der Menschen, den Vibrationen und Strahlungen der Erde und der Natur zu erkennen. Die Umweltverschmutzung beispielsweise ist nicht nur eine reelle Gefahr für das Leben auf der Erde, sondern hat auch Auswirkungen auf die psychische und energetische Welt. Besonders die Haltung der Menschen, die die Natur und andere ausbeuten und zerstören, um selbst "gut" zu leben, hat verheerende Auswirkungen auf das energetische Gleichgewicht der Erde.

Der primitive Mensch lebte in Harmonie mit der Natur, und für den modernen Menschen ist es notwendig, diese einfache Basis wiederzufinden, um seine eigenen Gaben zu entdecken und um mit den primären Kräften im Einklang zu schwingen. Die Natur bietet uns einen Ausgleich und hilft uns, mit der Komplexität der modernen Welt klarzukommen.

Einleitung: Schamanismus

Der Weg der Einweihung fordert uns auf, von den Naturkräften zu lernen, uns für sie zu öffnen, um ihren ursprünglichen Schutz wieder empfangen zu können. Das in den Erfahrungen erlangte Bewusstsein, die Kraft des Körpers und seine Energie stärken das Vertrauen des Menschen. Er wird ermutigt und bildet seine Intuition aus, er entdeckt so zudem nicht nur sich selbst, sondern auch die Welt und ihre Geschichte, was ihm die Erde und alle Elemente danken werden.

Die Pflanzen graben ihre Wurzeln in die Erde. Sie kommunizieren miteinander über ihre Wurzeln und gemeinsam erhalten sie die Erde. Ohne sie gäbe es nur Wüste. Sie wachsen mit der Kraft der Sonne, ernähren uns und repräsentieren daneben die Entfaltung der Gefühle. Der Rhythmus der Jahreszeiten, der Reichtum der Erde, der Regen und die Sonne fördern ihr Wachstum. Der Same wartet, bis er genug Wasser hat, bis die Sonne und die Erde seine Entwicklung fördern. Dann wächst er vertikal, mit der Erdachse. Ähnlich verhält es sich mit den Bäumen: Der Baumstamm ist die Achse des Menschen.

Die Blume freut sich über unsere Bewunderung, sie braucht die Hilfe des Windes und der Insekten, um sich mit den anderen zu vereinigen. Daneben verkörpert sie die Schönheit, genauso wie jede Pflanze für Jugend und Wachstum steht. Wir können viel von der Unschuld der Pflanzen lernen, die die guten Geister anzieht, von ihrer Weisheit, ihrer Größe. Dabei überansprucht das Wachstum der Pflanze niemals ihre Umgebung, den Boden und das Klima.

Die Größe des Menschen hängt von der Erde und seiner Umgebung ab, er muss den Boden bewirtschaften, um seine Nahrung ernten zu können – und er muss sich an die Zyklen der Natur anpassen. Ein Baum benötigt beispielsweise sieben Jahre, bevor er Früchte trägt.

Die Pflanzen regen aber auch unser inneres Wachstum an, wenn wir uns an ihnen orientieren. Jeder ist schön und gesund, wenn er echt ist. Wenn er bescheiden ist, entdeckt er sich selbst und findet die tiefe Kommunikation mit den anderen und der Welt. Menschen ohne inneren Reichtum, ohne Individualität sind nur an ihre Umgebung angepasst. Doch wenn unsere Gefühle echt sind, finden sie die

Einleitung: Schamanismus

Zustimmung des Geistes, und wir vereinigen alle Welten und alle Richtungen.

Wir spinnen unser Schicksal mit unserem Leben, mit unseren Worten, Träumen und Taten. Vielleicht wurden unsere Geschichte und der kollektive Traum aber auch schon vorher erträumt, denn die Menschen haben schon immer phantasiert, sie haben schon immer ihre Vorstellungskraft und die Sprache als Mittel zur Manifestation eingesetzt – doch wir müssen das Richtige denken, aussprechen und vor allem fühlen. Wenn wir bedenken, dass sich große Zivilisationen selbst zerstört haben, erkennen wir, dass es notwendig ist, unser Bewusstseinsfeld zu erweitern und die echten Werte, die Liebe für die Erde und all ihre Wesen wiederzufinden.

Das Tier folgt seinem Instinkt, sucht Nahrung und erhält seine Art, wie auch der Mensch seinen Gedanken, Worten und Entscheidungen folgt. Wenn er davon überzeugt ist, dass etwas schlecht ist, dann kann man ihn nur schwer vom Gegenteil überzeugen. Das Tier mit seinem Instinkt führt den Menschen zur Konzentration, Unterscheidung und Einstimmung. Wenn wir unser Denken mit dem Herzen verbinden, entwickeln wir das Verständnis des Herzens, das Herzdenken. Im direkten Kontakt mit der Erde orientiert sich das Tier an seiner Intuition. Unser Krafttier leitet uns zu unserer inneren Kraft, und in Zeiten der Schwäche hilft es uns, die Dinge unterscheiden zu können und uns zurück auf unseren Weg sowie zu unserem geistigen Verständnis zu führen. Interessant ist, dass die Verbindung von Mensch und Krafttier auch einen Bezug zur realen Ebene hat, denn die Menschen, deren Krafttier ausgerottet wurde, haben beispielsweise Schwierigkeiten, erwachsen zu werden.

In den Mythologien erfährt der "Tiermensch" eine Erweiterung und lernt die alten Weisheiten kennen, er verständigt sich mit den lichtvollen Ahnen, um weise, feinfühlig und menschlich zu werden. Die Weisheit der Tiere kommt auf die Erde zurück, ihr Wissen und ihre Kraft ermöglichen uns die Teilnahme am wahren Glück. Wir lernen die Tiere kennen, wir lernen von ihnen und hören auf, wie die Lemminge zu leben. Die Begegnung und offene Auseinandersetzung mit dem

Tier hilft uns, Klarheit zu erlangen und echte Authentizität zu leben.

Wenn wir lernen, unsere mentalen Fähigkeiten zu entwickeln und sie im Rahmen der Naturgesetze anzuwenden, beschert uns das Konzentration und verschiedene Möglichkeiten der Synthese, es lässt uns in allen Dimensionen leben. Das Ego entwickelt Gewohnheiten, die die Realität verschleiern, doch mithilfe unserer neu erworbenen Fähigkeiten, können wir uns dessen bewusst werden und uns entspannen. So pflegen und kultivieren wir unsere Qualitäten und können unseren Schatten beleuchten sowie integrieren.

Der Mensch braucht die Qualitäten von Pflanze, Erde und Stein, um seinem inneren Tier vertrauen zu können. So kann er seine Gefühle klären, seine Motivationen finden und seine Visionen empfangen. Das Tier leitet uns in der Verwirrung, es hat Kraft und schenkt uns Inspiration. Wenn unsere innere Pflanze verletzt ist, dann haben wir unsere Wurzeln verloren und das Licht dringt nicht mehr in unsere Tiefe. Wir müssen uns dann wieder für die Liebe der Erde und für die unserer lichtvollen Ahnen öffnen. Generell müssen wir alle Aspekte in uns nähren, zu gleichen Teilen. Der gute Lehrer hat beispielsweise seine innere Pflanze stark entwickelt, doch der Tiermensch ohne gut entwickelte innere Pflanze verliert seine Unschuld, die er für das natürliche, einfache und magische Wachstum benötigt. Die Menschen, die zu viel tierische Kraft angewendet haben, nutzen die anderen aus oder sind schon müde.

Doch das innere Tier ist auch der Führer des Herzens. Ohne das Tier haben wir weder Willen noch Herz und können uns nicht ganz einsetzen. Wenn wir den Tiergeist befragen und ihn auch hören können, hilft er uns bei all unseren Schwierigkeiten, er zeigt uns eine weitere Perspektive für unsere Angelegenheiten auf. Das Tier mit seiner Ausdauer führt den Menschen in die Konzentration und Bündelung sowie in den sinnvollen Einsatz seiner Kräfte.

Diejenigen, die Angst vor dem Tod haben, leben ihre Tierseite nicht. Sie können nichts von sich aus geben, und zu ihrer Stunde sind sie nicht bereit, den Übergang bewusst zu vollziehen. Die Angst vor dem Leiden und die Lügen bringen den Menschen dazu, eine "falsche Pflanze" zu werden. Wenn wir es so machen wollen wie die anderen, wenn wir der Beste sein wollen oder besser als die anderen, dann verirren wir uns und säen Verwirrung. Wir klären uns wieder, indem wir unser Denken mit unserem Herzen verbinden und ein herzliches Verständnis entwickeln - unser Krafttier unterstützt dies, es unterstützt unsere Verwirklichung. Jedes Tier hat hierbei seine eigene Gabe.

Die wissenschaftlichen Untersuchungen beweisen die Verbindungen des Menschen mit der Natur nicht. Die naturwissenschaftlichen Versuche wollen die Natur verstehen, sie imitieren und beherrschen. Doch die Naturwissenschaftler ignorieren dabei ihre eigene Absicht und die Kraft der subjektiven Einflüsse, sie unterschätzen auch die Dimension des Geistes der Natur. Vom Geist aus gesehen beeinflusst jede Person ihre Forschung mit ihrer subjektiven Perspektive, die sich aus ihrer Veranlagung, ihren Notwendigkeiten und ihren Vorhaben ergibt.

Der Schamane orientiert sich an den Naturelementen und erhält Unterstützung von der Energie der Erde und des Himmels, die Natur bringt ihm Wachstum und Verwandlung. Auch der moderne Mensch kann die Energienetze der Erde wieder kennenlernen, er hat alle Werkzeuge, um die Verwirrungen aufzulösen, sein Bewusstsein anzuheben und seine Aufgabe zu verwirklichen. Die modernen Wissenschaften und die archaischen Konzepte des natürlichen Wachstums treffen sich im Schamanismus, und der Lernende findet Unterstützung auf seiner Suche.

Mit dem Schamanismus ist das Beachten des natürlichen Wachstums und der Vielfalt gemeint, die Teilnahme an der natürlichen Magie, wodurch wir den Respekt für die Erde und all ihre Wesen wiederfinden. Die Praktiken sind je nach Volk, Kultur, Ort und Tradition verschieden, aber sie haben alle denselben Kern. Ihre Aufgabe ist im Grunde einfach: Sie verwenden die lebensfrohe Kraft und die mit den Ahnen verbundene Energie, um das Chaos und die Verwirrung zu klären. Das Element Erde mit seinem dunklen Potenzial hilft uns beispielsweise, die Angst vor dem Tod zu überwinden, die vor allem im Westen weit verbreitet ist. Doch sie behindert den Menschen und lässt ihn nicht vollständig leben. Erst wenn er zu einer neutralen Haltung gefunden hat, findet er wieder Frieden und Klarheit, Vertrauen in die Erde und in den Himmel. Sterben zu lernen, war das Ziel der alten Traditionen und bedeutete, leben zu lernen. Doch es war damit nicht der physische Tod gemeint, sondern der Tod des Egos, der uns unsere wahren Fähigkeiten, das Programm, das das Universum für uns hat, zeigt.

Auch unsere Umwelt hat einen direkten Bezug zu uns – und wir haben Einfluss auf sie. Die Luftverschmutzung kann als Ergebnis der kollektiven, mentalen Verwirrung betrachtet werden, sie spiegelt die unbewussten Handlungen der Menschen wider.

Der Missbrauch der Tierwelt zeigt die falsche Auslegung des Tiergeistes, der Mensch handelt ohne Mitgefühl und Respekt für die Tierseelen und beutet dabei sein eigenes natürliches Potenzial aus.

Die Verschmutzung des Wassers behindert das Fließen der reinen Information, und die künstlichen Stoffe, die in die Gewässer geleitet werden, beeinträchtigen den Geist des Wassers. Das reine Wasser beinhaltet alle Information und repräsentiert die lebensspendende Schatzkammer für Mensch und Natur, die Bäche und Flüsse sind die Adern der Erde – werden wir uns dessen wieder bewusst.

Die Pflanzen halten die Erde zusammen, regulieren die Jahreszeiten und wirken auf das Gemüt des Menschen ein. Die Ausrottung der letzten Wälder in Kanada und Südamerika beeinträchtigt daher nicht nur das Klima ...

In der Natur steht alles miteinander in Wechselbeziehung und ist in Bewegung, in der Zeit und im Raum. Die Unwetter entwickeln sich in der Tiefe des Ozeans – und die Menschen sollten die Tiefe ihrer Gefühle und ihres Ärgers als wahre Ursachen in Betracht ziehen. Sie könnten sie verwandeln, ihre Unschuld und Aufmerksamkeit neu entdecken. Dann würden sie vielleicht auch die Botschaft des Windes verstehen, der uns anregt, unsere versteinerten Denkgewohnheiten zu verwandeln.

Wir sollten uns jederzeit bemühen, das energetische und materielle Netzwerk der ganzen Erde zu erforschen, um ihre Nachrichten zu begreifen. Im Einklang mit der Natur erleben wir unsere Einweihung, wir lernen, die Elemente und ihre Botschaften zu verstehen, erarbeiten uns Bewusstsein und verstehen die Beziehungen und Synergien auf der Erde. Im Wassermannzeitalter ist die Einweihung zudem individuell, wir müssen uns ganz annehmen und mitten unter den anderen, im Zusammenleben mit anderen unseren inneren Meister ausbilden. Unsere Wahrnehmung ist subjektiv, und die Bilder und Szenen kommen entweder aus uns oder von der Umgebung, vom Geist des Ortes oder aber von unseren Mitmenschen oder unseren Ahnen – und alle zeigen uns unsere seelische Aufgabe.

ORIENTIERUNG IM KREIS

Der Kreis oder das Medizinrad mit seinen acht Richtungen hilft uns, unser Unterbewusstsein zu klären, unsere Seele zu heilen und die Kraft der Mitte zu finden. Mit dem Rad sind wir in der Lage, uns in den Raum vorzuwagen, uns darin zu erfahren, ohne unser Zentrum zu verlieren, denn wir können jederzeit wieder zur Nabe zurückkehren. Wir verlieren nie die Orientierung.

Die Öffnung für die Richtungen erweitert unsere Sicht, unser Bewusstsein und hilft uns zudem, mit der Natur zu leben und ihre Gesetze und Zyklen kennenzulernen. Wenn wir aufhören, linear zu denken, unterstützt das Rad unsere Wahrnehmung, unser Verständnis, es öffnet den Raum, wir erfahren das Raumdenken. Wir erfahren uns im Kreis, können weit in jede der Richtungen vordringen. Wir erforschen die Gegebenheiten aus allen Richtungen, wir reihen die Fakten aneinander, erleben die Verbindungen und unser Bewusstsein bekommt Antworten. Wir empfangen die Lösungen in unserer Öffnung – und können jederzeit wieder ins Zentrum zurückkehren. Das Raumbewusstsein ist unserem Körper eingeprägt, Nachrichten und Gegebenheiten werden im Zusammenhang verstanden. Wenn wir alle Elemente gesammelt haben, ergibt sich in den Ereignissen der Sinn. Die Entwicklung des räumlichen Denkens ermöglicht es uns, Energien, Bewegung, Aufbau und Entwicklung zu verstehen. Wir können lernen, unser Denken für den Geist zu öffnen, Mittel zu finden, um unser normales Tagesbewusstsein zu überraschen und in die unendlichen Reserven des Unterbewusstseins sowie in die Schatzkammer der Erde einzutauchen, in der ihre Memoiren lagern.

Wenn wir lernen, das Rad zu drehen, kann es uns helfen, uns im Raum zu orientieren, unsere Gefühle zu vertiefen, Vorurteile aufzugeben und Kraftströme fließen zu lassen, um am Wachstum und der natürlichen Verwandlung teilzunehmen. Das

Rad lehrt uns, unsere Gedanken zu ordnen, uns unsere Gefühle zu erlauben und unsere Wahrnehmungen zu koordinieren, um unsere Stärke und unsere Schwächen anzunehmen. Wir lernen mit dem Netzwerk der Kraftströme der ganzen Erde, unsere Seele zu erfassen, die unentwegte Kraft unseres Zentrums. Die Mitteilungen des Geistes der Erde helfen uns dabei, unser Leben zu verbessern und unseren Weg zu finden. Die lichtvollen Geister kommen uns zu Hilfe, wenn wir uns ehrlich um eine bessere Lebensqualität bemühen. Die Güte der Erde ist unendlich, sie hilft uns, unseren Ursprung zu finden, mit den reinen Intentionen die Erde zu heilen und in die oberen Sphären des Bewusstseins aufzusteigen.

Die Heilkraft der Erde

Menschen können die Natur betrachten und mit ihr kommunizieren, um sich zu erden, ihr Wesen zu ergründen und ihre Seele kennenzulernen. Wir kommunizieren mit der Natur, und dabei hilft uns das Element Erde mit seinem fruchtbaren Potenzial, unsere Basis zu bilden. Wenn das Element Erde im Wesen fehlt, werden wir zu Opfern der Gesellschaft oder zu Ausbeutern, weil wir nicht mit der Erde verbunden sind, weil unsere Füße sie nicht wirklich berühren, wir nicht geerdet sind.

Viele Menschen empfangen die Kraft der Erde auch nicht, weil sie es nie gelernt haben. Doch allein das genaue Betrachten unserer Umgebung, der Natur und der Energieströme bereichert uns, und wenn wir die Erkenntnisse daraus in unser

Wesen integrieren können, hilft uns das, uns zu erden. Wenn wir die Erdkraft wiederentdecken wollen, können wir uns fragen, wie wir sie verloren haben – und wenn wir der Seele treu werden, regeneriert sich der Körper von selbst.

Der individuelle Beitrag am Weltgeschehen kann ebenfalls über den Kontakt zur Erde erkannt werden. Wir erkennen dann, womit wir in Verbindung stehen und was unsere Aufgabe ist. Nicht zu geben, sperrt seelisch ein und macht krank, weil wir die aufgestauten Energien zurückhalten; falsch zu geben, bringt ein Ungleichgewicht hervor. Wenn wir wieder mit dem Geist der Erde verbunden sind, geben wir die Kräfte nicht einfach von uns, sondern lernen, bewusst mit den Naturkräften zu kooperieren.

Die Erde ist ein lebendiger Organismus, mit dem wir kommunizieren, er gibt uns den Boden, auf dem wir wachsen können, und verkörpert die weibliche, empfangende Kraft. Sie wird über das Fühlen aus dem Körper ins Bewusstsein gebracht. Die Erde hat alle Erinnerungen in sich gespeichert

– genauso wie in jeder unserer Zellen unsere Erfahrungen eingeprägt sind. Wenn wir den Spuren unserer Bilder folgen und hinter unsere kleinen persönlichen Geschichten treten, erkennen wir die Zusammenhänge und erleben die Befreiung unseres Unterbewusstseins. Die Erde hilft uns dabei, zu akzeptieren und unsere Intuition zu entwickeln, um unsere Sicht zu erweitern.

Auf der Erde sind wir mit all ihren Lebewesen verbunden, und Menschen, die im Einklang mit der Erde und der Natur leben, haben viel Kraft und finden Unterstützung, sie schwingen im selben Rhythmus und erleben Wachstum und Stabilität. Wenn der Mensch aber glaubt, er bestimme die Natur oder die anderen Menschen, so wird dies nur eine Zeit lang gut gehen. Schließlich aber beschränkt er sich dadurch selbst. Wir wirken dagegen lebensstärkend, indem wir uns darum bemühen, die Lebensbedingungen für alle Wesen zu verbessern, und der natürlichen Entwicklung Raum geben. Die Vielfalt der Spezies erhält das Gleichgewicht auf der Erde und sichert die Lebensenergie.

Wir benötigen für unsere Entwicklung und das Verfolgen unseres Weges genügend Kraft. Fixiertes Denken, aber auch Launen, Ärger und Angst wirken zerstörerisch und rauben uns die Kraft, die wir benötigen, um unsere Probleme aufzulösen und zu verwandeln. Wir meistern die Schwierigkeiten in der lebendigen, inneren Erfahrung, sie hilft uns, echt zu werden. Doch dazu brauchen wir die Unterstützung der Natur und ihrer Elemente, die unseren Körper, unsere Beziehungen und unser ganzes Umfeld harmonisieren. Die Erde heilt uns, und wenn wir ihre Energie für uns und alle anderen verwenden, sichert uns das die Zusammenarbeit mit allen Elementen. Dann können wir unser Bewusstsein erweitern, unser falsches Ego aufgeben und tiefgründige Wahrheiten entdecken. Der linear denkende Mensch glaubt, er müsse etwas tun, etwas erfinden, aber die Befreiung liegt im Annehmen und in der Öffnung.

Wir erfahren die natürliche Heilung nur aus eigener Initiative. Selbstvertrauen und Vertrauen in die Welt sind notwendig, um zu gesunden und Bewusstsein zu entwickeln. Für unsere Erholung akzeptieren wir die Naturgesetze und nehmen an, dass alles gut ist, dass es in irgendeiner der Dimensionen einen Sinn ergibt. So nehmen wir eine neutrale Haltung an und gesunden. Selbst unsere genetische Struktur klären wir, indem wir die gegebene Struktur zunächst einmal wahrnehmen. Die geerbten Mängel stellen Schwierigkeiten dar, die wir von unseren Ahnen übernommen haben, aber wir können ihre Entwicklung nachvollziehen und ihre Gesetzmäßigkeit erkennen, um zur Heilung zu gelangen. Wenn wir lernen, unsere Intuition zuzulassen und zu unseren Gefühlen vorzudringen, klären wir die Werte, reihen sie chronologisch auf, bewegen sie, entwickeln sie. Wird die Heilung bewusst vollzogen, finden alle Elemente ihren Platz – und wir finden unser Gleichgewicht.

Wenn wir in die Neutralität finden, wenn wir uns leeren, dringen wir zu den echten Gefühlen vor, wir öffnen uns und bekommen Unterstützung von der Außenwelt. Die reine Inspiration kommt uns zu, wenn wir bereit sind, sie zu empfangen – und nur in der Leere können wir empfangen und die Kraft der Erde erleben. Die Annahme der Gegensätze lässt uns zu unserer eigenen Mitte vordringen und erweckt die aus der Tiefe kommende, echte Lebensfreude. Im kontinuierlichen Nach-innen-Gehen werden die innersten Antriebe entdeckt, und wir lösen individuelle und kollektive Knoten.

Nach Ansicht der Schamanen schafft sich jeder Mensch sein Universum. Alles, was uns umgibt, steht in einer Beziehung zu uns – und lernen wir, unsere Umgebung zu lesen, entdecken wir uns selbst.

DIE ZAHLEN VON 1 BIS 21

Die Botschaften der Zahlen helfen uns bei unserer Orientierung im Leben. Sie ermöglichen es uns, die Beziehungen und Zusammenhänge zwischen Bewegungen, Energien und Formen zu erkennen. Durch die Beschäftigung mit den Zahlen und ihren Bedeutungen erkennen wir, wie alle Resonanzebenen miteinander in Verbindung stehen; wir sehen das ganze Bild, was uns dabei hilft, bewusster und harmonischer zu leben.

Die Dimensionen und ihre Zahlen zeigen uns ihre Gesetze, und wir können durch sie lernen, das Zusammenspiel von oben und unten zu erkennen. So können wir verhärtete Gewohnheiten auflösen, indem wir sie aus einem erweiterten Blickwinkel betrachten, wir können Emotionen erlösen, in denen wir gefangen sind, und wir werden wieder neutral. In unserem Dimensionenspiel brauchen wir allerdings Akzeptanz, um von einer Dimension in die andere gleiten zu können. Dann nehmen wir alle Erlebnisse auf, ohne sie zu beurteilen, wir reihen sie aneinander und erweitern so unseren Erfahrungsschatz.

Die Ebenen von 1 bis 5 sind für unseren Bezug zur Erde mit ihren Elementen verantwortlich, sie unterstützen unsere Menschwerdung. Die unteren Ebenen geben uns den Schutz der Natur, sie helfen uns, Erfahrungen und Erkenntnisse in Harmonie mit der Erde und unserer Entwicklung zu erleben. Bis zur 10 sind wir bemüht, ein besserer Mensch zu werden und streben nach Klärung und Kommunikation auf allen Ebenen. Bis zur 13 ist der Mensch um sein Dasein auf der Erde bemüht, indem er sein Leben meistert, in die Unschuld kommt und den Traum des Himmels empfängt. Von der 13 an aufwärts stimmt sich der Mensch in die universale Bewegung ein. Wir empfangen dann die Inspiration des Geistes – und dies geschieht in harmonischer Form, wenn wir uns auf die unteren

Ebenen stützen können. Die oberen Spähren erfüllen wir, indem wir universelle Zusammenhänge studieren, dann werden wir für die himmlische Bewegung empfänglich.

Die Zahl

1

Die 1 erleben wir in der Besinnung auf den Ursprung, es ist die Kraft hinter jeder Kreation, das eindeutige Streben nach Entwicklung. Die 1 ist der Geist, die Kraft, die Leben transportiert, die Lebenskraft in jeder Person, der Ursprung. Es ist das "heilige Eine", alles, was existiert, der Geist. Diese Kraft liegt geschützt in unserem Inneren. Mit der 1 werden wir unser eigener Meister, unsere Kreativität wirkt anziehend und begeisternd, sie ist in der Seele spürbar und wird im Außen sichtbar. Die 1 wirkt mit der Kraft der Sonne, und unter ihrem Einfluss sind wir inspiriert, träumen unsere Kreationen, wirken begeisternd und anziehend. Die Kraft der 1 wird daher auch magnetisch genannt.

DIE ZAHL
2

Die 2 stellt unsere Empfänglichkeit dar, wir empfangen die Kraft der Erde, sie ist der Boden, auf dem alles gedeiht. Ihre Kraft ist harmonisierend, sie gibt uns Halt und hilft uns, was uns betrifft, mit Liebe zu erfassen. Die Erde ist ein lebender Organismus mit eigenen Gesetzen, und ihre Liebe und das Glück, dass sie bereiten kann, sind beachtenswert. Mit der Erde zu leben, bedeutet aber auch, uns bewusst zu machen, dass wir neben dem Geist auch einen Körper haben. Unter dem Einfluss der 2 geht es generell um Dualität, um Polaritäten, die uns auch zwischen Licht und Dunkel unterscheiden lassen. Wir beleuchten die Ereignisse daher nicht mehr nur mit dem Sonnenlicht, sondern auch mit dem Mondlicht, um hintergründige Zusammenhänge aufzudecken. Denn wenn wir die verborgenen, tief liegenden Aspekte ignorieren und einseitig vorgehen, wenn wir nur die eine Seite beachten, werden wir nie zur Lösung des Problems vordringen, sondern nur Energie verlieren – die dann sogar als Feind zurückkommen kann. Die heiligen Zwillinge mit der Kraft der 2 finden dagegen den Weg der Mitte, die Wahrheit der Erde und harmonisieren den männlichen und den weiblichen Pol. So beenden wir Diskriminierungen, vertiefen unsere Ansichten, klären unsere Urteile, vermindern unseren Stolz und akzeptieren unsere Angst. Wir sehen: Die Gegensätze können immer den Ausgleich finden. Und Geist und Materie, das Eine und die Vielfältigkeit, Licht und Dunkelheit, Himmel und Erde, Yin und Yang werden als Einheit erkannt.

Die Gefahr bei der 2 besteht darin, nur eine Seite anerkennen und sehen zu wollen. Dann kann sie uns in den eigenen Gegensätzen gefangen halten, und wir ziehen die Entwicklung nicht mehr in Betracht; wir akzeptieren dann auch die Welt nicht mehr. So darf sich die 2 nicht nur ins Licht stellen, denn sie würde nur Schatten rund um sich werfen, sie muss vielmehr ihre Wirkung auf die Außenwelt sowie ihren Schatten annehmen und lernen, aus dem eigenen Zentrum heraus zu handeln, in dem die Gegensätze vereint sind. Unter dem Einfluss der 2 ist es notwendig, Einstellungen und Glaubenssätze regelmäßig zu überprüfen und zu verändern, um der natürlichen Entwicklung ihren Lauf zu lassen. Dann üben wir Toleranz, akzeptieren die Andersartigkeit, beleuchten Veranlagungen, Intentionen, Motivationen und Richtungen. In der Tiefe des Unterbewusstseins schöpfen wir neue Kräfte, kultivieren die Einsicht und harmonisieren unsere Handlungen und Haltungen. Die Kraft der 2 wird lunar genannt.

DIE ZAHL
3

Nach dem Erfahren der Dualität mit der Kraft der 2 wächst auf diesem Boden mit der 3 neues Leben – Fülle entsteht. Die 3 steuert das Wachstum und auch die Gefühle, die, wenn sie echt sind, von der Erde und dem Himmel unterstützt werden und Verwirklichung finden. Wenn sie nicht wahr sind, werden sie nur von anderen eine Zeit lang angenommen.

Im Menschen ist die 3 für seine Gefühle, sein instinktives Wissen, seine Wunschkraft und die daraus resultierende Entwicklung verantwortlich. Die Gefühle können einerseits vertieft werden, andererseits streben sie nach Freiheit, sie lassen uns vorfühlen und uns alle Richtungen erforschen. Sie fließen in unserem Körper und stehen in Zusammenhang mit den umliegenden Körpern und Lebewesen. Mit der Kraft der 3 sind wir in der Lage, unsere Gefühle zu erforschen, ohne uns in ihnen zu verlieren, und wir lernen, mit guten und schlechten Ahnungen umzugehen. Die Ehrlichkeit zu uns selbst lässt uns unsere innere Tiefe erleben, wir tauchen hinunter, sehen die Hintergründe und öffnen die Schatzkammer unserer Energien. Dort ergründen wir unsere Empfindungen und Eindrücke, die uns die Entwicklung unserer Seele und unseres Wesens aufzeigen. Wir sind uns unserer Empfänglichkeit bewusst und fördern unser Mitgefühl, wir erweitern unser Verständnis und werden neutral. Wir gewinnen Raum, Vertrauen in die Erde, in unsere Intuition und entwickeln unsere Freiheit. Mit der 3 vereinen wir unsere Gefühle mit dem instinktiven Wissen und gelangen zur Einsicht und zum Urvertrauen. Wir sind dabei ehrlich, nicht berechnend, um unsere Intentionen und Wurzeln zu klären, und entwickeln Mitgefühl und Verständnis für unsere Emotionen sowie die der anderen. Die Gefühle leiten unsere Energien, und wir sollten sie daher aufrichtig behandeln und sie ehrlich untersuchen, damit wir in Harmonie sind und alle Veränderungen fließend stattfinden. Dann finden wir zurück zur Fülle und zum gesunden Wachstum, zu erfolgreicher Arbeit, Verwandlung, Transzendenz und Erfüllung. Mit der 3 schöpfen wir aus dem instinktiven Wissen und aus der Natürlichkeit und erfreuen uns an echten Gefühlen. Die Kraft der 3 wird elektrisch genannt.

DIE ZAHL

4

Unter dem Einfluss der 4 geht es um das Herzdenken, aus dem heraus sich echte Struktur und Ordnung ableiten sowie eine Entschlossenheit, die aus dem Herzen kommt und mit der man ganz bei der Sache, ganz auf seinem Weg ist. Das Herz gibt dem Körper, dem Geist, den Gefühlen und dem Denken den richtigen Rhythmus ein. Die 4 verbindet uns mit dem Stammhirn, wir können hier unser eigenes Schicksal erweitern. Mit der 4 gebrauchen und klären wir unsere Verstandestätigkeit, geben Vorurteile auf, überprüfen Meinungen und eichen unser Feingefühl mit unseren Erfahrungen. Stolz und Überheblichkeit werden überwunden, und zerstörerische Züge werden auf dieser Ebene von allen Seiten beleuchtet und transformiert. Wir befreien hier Energien durch Einsicht wie auch in der Anwendung unserer Gaben. Wir werden mit der Kraft der 4 weise, heben die Unschuld ins Denken und lernen in der Bescheidenheit, ein besserer Mensch zu werden. In der Einfachheit hören wir auf unser Herz und unsere Instinkte, folgen ihnen, sammeln Kenntnisse und finden die richtige Einstellung, um bewusst zu handeln. Alle Energien kommen mit der 4 auf ihren Platz – so wie wir im Viereck die Basis der heiligen Ordnung finden. Ebenso bringen wir mit der Kraft der 4 die inneren Elemente in diese Ordnung, und auf magische Weise werden Bilder, Symbole in unserem Unterbewusstsein, dem der Erde und des Alls freigelegt, angeregt. Dennoch ist die 4 praktisch, realistisch und hat die "Füße auf der Erde". Sie muss fatalistische, autoritäre und paranoide Züge integrieren, überwinden, ihre echten Gefühle und ihre Geschichte hinter dem Zorn, den Vorurteilen, den Gewohnheiten und Lügen finden. Urteile werden dann in Akzeptanz verwandelt, man hört auf die Erde und das innere Wesen. Wir entwickeln zudem mentale Disziplin, Selbstverantwortung und Strategien für ein geordnetes Leben, wir lernen, immer mehr Informationen aufzunehmen.

Die Kraft der 4 ist gerade heute wichtig, da die Natur des Menschen gefährdet ist, das innere Tier im Menschen. Viele haben die Einfachheit verloren und stützen sich auf materielle, künstlich ausgedachte Werte und dienen einer Konsumgesellschaft, die oft niemandem zugutekommt. Manche Menschen lenken ihre Kräfte auch unbewusst gegen andere, weil sie in ihrem Inneren nicht genug Verständnis für die Andersartigkeit aufbringen können. All diese Menschen haben die Naturgesetze und die einfachen Lebensregeln vergessen, sie unterdrücken andere und werden schließlich durch Krankheit, Naturkatastrophen oder andere Probleme auf den rechten Weg gewiesen. Wenn wir uns auf die Energie der 4 einlassen, kann uns das helfen, unsere Mängel zu vermindern und unser Denken so auszurichten, dass es allen Wesen dient; wir können Entscheidungen dann in Harmonie treffen, da alle vier Elemente in einem ausgewogenen Verhältnis in uns angelegt sind. Kopf und Herz sind verbunden, und man folgt dem Weg der Wahrheit, Einfachheit und Schönheit, der Maß, Ordnung und Harmonie mit sich bringt. Die Kraft der 4 wird unabhängig genannt.

DIE ZAHL
5

Die 5 kommuniziert mit allen Lebewesen, wofür sie allerdings zunächst Verständnis und Einfühlungsvermögen entwickeln muss, um einen fruchtbaren Austausch erfahren zu können. Unter dem Einfluss der 5 fragen wir uns, was es heißt, ein Mensch zu sein, und entwickeln Toleranz sowie Akzeptanz. Wir sind gemeinsam auf der Erde, entdecken unsere Fähigkeiten und verbessern unsere Mängel, um in der Gemeinschaft sinnvoll mitwirken zu können. Mit der 5 nehmen wir die Menschlichkeit an, damit unsere tief liegenden Ziele Ausdruck finden können, und diese Ziele aus unserer Mitte bringen uns der Seele näher. Die 5 fühlt sich wohl, wenn sie in ihrem Zentrum bleiben kann – mit ihr müssen wir aber auch die eigene Tiefe ergründen, um sie zu integrieren und zu verwandeln. Die niederen Triebe werden hier erkannt, wie Gier, Neid, Hass, Eifersucht, Stolz, Herrschsucht, Hochmut, auch Angst und Ignoranz werden auf dieser Ebene angenommen und dann transformiert. Wir sehen uns selbst im Spiegel und verbessern, bringen uns auf dieser Ebene der natürlichen Ordnung näher. Das Potenzial unserer Mängel wird erkannt, der persönliche Schatten wird integriert und die Verwandlung zeigt sich nicht nur in uns selbst, sondern auch in unserer Umwelt.

Die Gefahr bei der 5 besteht darin, sich in Vergleichen und Urteilen zu verlieren, die zudem die Türen zur inneren Tiefe versperren; so läuft die 5 Gefahr, oberflächlich zu bleiben. Doch das Ziel der 5 ist es, die Mitte zu finden, das eigene Zentrum. Ist das gelungen, erstaunen und begeistern wir mit der 5 und geben diese Macht auch weiter. Wenn wir uns auf die Energie der 5 einlassen und sie entwickeln, sind wir empfänglich für die Liebe der Erde, die Kraft der Natur, die Kommunikation mit Menschen und echte Freundschaft, die unsere Kreativität anregt und lichte Energien auch in die unteren Chakren gelangen lässt – der Lebensbaum trägt Früchte. Wir ernten, was wir säen und machen uns anhand unserer Umstände und unserer Kreationen bewusst, dass wir ein einmaliger Ausdruck der Schöpfung und ihrer Quelle sind. Die Kraft der 5 wird harmonisierend genannt.

Die Zahl
6

Mit der Kraft der 6 bringen wir Verständnis und Liebe auf, wir sehen, was ist und werden kann, und finden Heilung in der Selbstakzeptanz. Aber auch bei anderen erkennen wir beide Seiten, die wir so akzeptieren, wie sie sich uns präsentieren, ohne zu urteilen oder zu bewerten. Die 6 hat ihre Wurzeln in vielen Dimensionen und die Fähigkeit, echte Harmonie zu schaffen.

Mit ihr können wir daneben unsere Energie verdoppeln, indem wir Wissen und Kraft miteinander verbinden. Wir finden zu unserem Gleichgewicht, Bewusstsein und Unterbewusstsein kooperieren, männlich und weiblich ergänzen sich, empfangend und agierend leben wir in Harmonie und Balance. Wie im Sechsstern, der Himmel und Erde verbindet, bedeutet Harmonie hier auch, dass Leid und Freud, Gutes und scheinbar Böses nebeneinanderstehen und als gleichwertig betrachtet werden. In der Neutralität findet die Seele sodann neue Entfaltungsmöglichkeiten. Genauso werden Erde und Erbe, Gegenwart und Vergangenheit auf harmonische Weise miteinander verbunden. Wir knüpfen an bestehendem Wissen und dem unserer Ahnen an und entwickeln es weiter. Auf dem Weg der Einweihung erfindet der Einzelne seine Aufgabe, indem er von den Vorfahren lernt.

Die Selbstkritik und das Selbstmitleid sind Feinde der 6, wie auch Beschränkungen und Verhaltensweisen unserer Ahnen. Auf dieser Ebene finden wir aber die Erweiterung von uns selbst, indem wir unsere Ahnen heilen und so Toleranz und Selbstakzeptanz entwickeln; wir nehmen uns mit unseren Fehlern an. Wir lassen die falschen Urteile und Konzepte los, öffnen uns für neue Perspektiven und gestalten das Leben mit Freude. Die Akzeptanz genetischer und seelischer Veranlagungen hilft uns, zur Selbstheilung zu gelangen. Die Kraft der 6 wird rhythmisch genannt.

DIE ZAHL
7

Die 7 spinnt den Lebenstraum, für den wir die Bausteine oft schon lange vorher und auf den anderen Ebenen gesammelt haben. Alle echten Träume gehen in Erfüllung, sie finden Unterstützung – doch wir müssen sie ins Leben rufen. Um bewusst zu träumen, müssen wir unseren Gemütszustand erforschen, die Wirklichkeit mit unserem Denken in Einklang bringen. Der Traum ist nicht mit dem Tagtraum zu verwechseln, dieser ist eine Ersatzhandlung, mit unbewussten Gefühlen beladen und eine Art Flucht. Erst wenn wir uns wohlfühlen, die Wirklichkeit annehmen und dann auf die andere Seite gleiten, überqueren wir für Sekunden mit dem Tagesbewusstsein die Brücke zwischen den Welten. Wir verbinden das Tages- und Nachtbewusstsein, wir dringen auf die Ebenen der Visionen vor, die dann unsere Lebenskraft unterstützen und unsere Träume verwirklichen.

Der Traum manifestiert sich in Bildern und Symbolen, in Zeichen aus der Wirklichkeit. Er zeigt sich in seelischen Verbindungen und ihren Entwicklungen. Von den Naturgeistern geleitet, verbinden die Traumgeister Resonanzen und Stimmungen. Wir finden unseren Traum auch in den täglichen Ereignissen und Beschäftigungen, denn die mystischen und magischen Beziehungen und Fäden befinden sich hinter dem Alltagsbild. Dort werden Verbindungen geknüpft, die Manifestationen möglich machen. Diese Ebene befindet sich zwischen dem Geist der Gefühle und dem Geist des Körpers, weder der eine noch der andere ist wichtiger, sie arbeiten zusammen und manifestieren sich in Bewegungen, in Form und Sprache. Polaritäten werden hier aufgelöst, und wir sind in der Lage, zu manifestieren, Dinge zu kreieren und sie in die Realität zu ziehen. Wir ergreifen auf dieser Ebene den unsichtbaren Weg, der zur Verwirklichung führt. Die heilige Kraft ist nicht immer sichtbar, sie bleibt oft verborgen – doch wenn wir für sie bereit sind, kann sie am geschützten Ort als Erleuchtung ans Tageslicht gelangen. Die mystischen und magischen Verbindungen entschleiern sich, wenn wir uns unserer

Gefühle und Gedanken sowie ihrer Auswirkungen jederzeit bewusst sind und den Weg der Mitte einschlagen. Wir werden uns bewusst, dass wir Schöpfer sind und die unsichtbaren Energiefäden zu unserem Traum verweben können. Die Kraft der 7 wird resonant genannt.

DIE ZAHL
8

Die 8 bringt uns in Einklang mit den Naturgesetzen. Sie schützt unseren Raum, hütet unseren Kreis und auch der Familie gibt sie Unterstützung und Verständnis. Alles auf der Erde und im Universum bewegt sich im Rahmen der Naturgesetze, wir können sie erfühlen und erhalten so die Zustimmung der Elemente und körperliche Gesundheit. Auf dieser Ebene ist Ausgeglichenheit das Ziel, die Vertrauen schenkt und uns harmonisch in das irdische und kosmische Ganze eingliedert. Mit der 8 finden wir zur natürlichen Struktur, zur Restrukturierung – und gleichzeitig verfeinert die 8 die Wirklichkeit, sie bringt uns in die Unschuld, gibt uns Raum fürs Glück. Mit ihr erweitern wir unseren Erkenntnisrahmen, und die kontinuierlichen Entwicklungen und Erkenntnisse werden sinnvoll integriert. Hier sind wir für neue Begegnungen bereit, lernen die Vielfalt kennen, sind ständig für Neues offen.

Wir studieren die Welt aus den verschiedenen Perspektiven, wir wollen sehen, wie die anderen die Welt betrachten und ihr Leben meistern. Die 8 bringt uns damit die Stabilität, die wir für unsere Erweiterung brauchen. Sie bietet uns Sicherheit, während sie den Geschmack und die Lust zu leben, unser Spektrum zu vergrößern und zu reisen verstärkt. Doch hier reisen wir eher zu unserem Schicksal als zu einem Ziel. Wir erforschen die Funktionsweisen von Organismen und ihre Beziehungen, nähern uns ihrer Magie und verstehen verschiedene Ideen und Perspektiven des Lebensrades. So erweitern wir auch unseren eigenen Kreis und erkennen Gesetzmäßigkeiten, Zyklen der Verwandlung und die Kraft des Unterbewusstseins. Wir erkennen: Sobald wir unsere Schwierigkeiten aufgeben, öffnet sich unser Kreis, neue Energien treten ein und wir können zufrieden sein. Danach schließen wir unseren Kreis wieder und kehren zurück zu unserem neutralen Ausgangspunkt, von dem aus wir mit Bewusstsein handeln. Raum und Zeit treffen aufeinander, Körper, Gefühle, Geist und Denken wirken zusammen. Daher wird die 8 galaktisch genannt.

DIE ZAHL
9

Die 9 bringt uns in Bewegung, aber wir achten auf Form und Inhalt der Energien, die wir aussenden und aufnehmen. Psychische Freiheit wird hier entwickelt. Wir treten ins Licht der Sonne und wissen jedoch, dass auch jeder Gedanke, jedes Gefühl, jede Handlung nach außen tritt.

Die 9 hat die Kraft der Kontinuität. Es ist die Kraft des Konservierens, sie hält die Energie, so dass die Arbeit weitergeführt werden kann. Wir verfeinern mit der Energie der 9 unsere Form und lernen, mit dem geringsten Aufwand zu wirken, ohne uns Gedanken zu machen, wie lange es dauern wird, bis sich die Intention manifestiert. Die Details organisieren sich im Zusammenhang, finden ihren Platz und ergeben einen Sinn im großen Ganzen. Mit dieser Energie beenden wir eine Aufgabe, verlieren keine Zeit in sinnloser Zerstreuung und Verzettelung bei der Arbeit. Selbst wenn Launen und negative Veranlagungen des Charakters zutage treten, beeinträchtigen sie uns nicht, wir können sie in einer der anderen Ebenen aufarbeiten. Mit der Kraft der 9 halten wir durch und führen unsere Werke weiter. Die 9 bringt uns die Realisation, die Konkretisierung von allem, was miteinander verbunden ist. Generell bewirkt die heilige 9 die harmonische Bewegung. Die 9 wird solar genannt.

Die Zahl
10

Die 10 birgt die Weisheit des Höheren Selbst in sich. Am Anfang dieser Stufe sind wir noch von Nebel eingehüllt und müssen lernen, die dunklen Kräfte zu meistern, um ans Licht zu gelangen. Der Geist kennt seine Richtung und stürzt uns manchmal ins Dunkel, in unsere Schwäche, damit wir die feinen Kräfte achten lernen und nur fest verankert in die Lüfte streben. Mit der 8 erlangen wir die innere Harmonie, mit der 9 beginnen wir die unschuldige Bewegung und mit der 10 kommunizieren wir mit dem Geist. Auf den ersten zehn Ebenen agieren wir auf der Welt, aber mit den nächsten zehn Ebenen sind wir mit dem Geist verbunden, stehen aktiv in Verbindung mit dem großen Ganzen. Hier bekommen wir das Bewusstsein des Höheren Selbst. Was mit dem Auge des Geistes gesehen wird, entwickelt sich auf magische Weise ganz leise im Kreise ...

Die Arbeit mit dieser Zahl bringt uns zur Mitte unseres Wesens, und wir können wieder auf unser Wissen zugreifen, um Lösungen zu erkennen. Hier verbinden sich materielle und spirituelle Welt – die Eingebungen des Geistes können mit der Kraft der 10 in die Welt gebracht werden. Die 10 zeigt uns unsere höheren Möglichkeiten, wir können unsere Kräfte kanalisieren, indem wir die unteren Dimensionen pflegen. Wir dürfen dabei allerdings unsere kreative Kraft nicht verzetteln, nicht zu viele Sachen auf einmal anfangen und nur Wind und Schulden machen. Doch wenn wir die Kraft der 10 bewusst leben, überprüfen wir regelmäßig die Fundamente unserer Kreationen, und wir ziehen das an, was wir brauchen. Wir kontemplieren, was wir bewirken, und vereinigen uns mit unserem Schicksal. Die 10 besitzt die magische Kraft, und wir bekommen, was wir brauchen, wenn wir unsere Ziele im Auge behalten. Wir folgen unserer Vision und finden Verwirklichung. Die 10 wird als planetarisch bezeichnet.

Die Zahl
11

Mit der 11 klären wir unsere Lebensströme, denn unsere Gefühle und Gedanken bewirken etwas. Jeder Gedanke und jedes Gefühl, ob gesendet oder empfangen, besitzt Energie, sie erweitern oder verengen unser Spektrum. Mit der Kraft der 11 lernen wir, in Harmonie mit allen Lebewesen zu wirken und finden Unterstützung. Die reine Lebenskraft ist kreativ, mit allen natürlichen Elementen verbunden vergrößert sie unseren Raum. An sie sollten wir uns anschließen.

Mit der 11 studieren wir die Energieströme des psychischen und spirituellen Körpers und analysieren unsere Ideale und Ansichten, die sich mit neuen Erkenntnissen verwandeln können und somit einen anderen Einfluss auf uns haben. Wie besessen geben wir unter dem Einfluss der 11 regelmäßig die Barrieren des Egos auf. Die Energien werden verfolgt, wahrgenommen und gelesen, neue Informationen kommen herein und wir geben andere hinaus. Kommunikation und Transformation finden statt, aber wir sollten immer beachten, welche Geister uns antreiben. Wir müssen immer unterscheiden, ob wir gerade für oder gegen das Leben handeln oder denken. Selbst konstruierte und ererbte Verhaltensformen werden hier energetisch erfasst. Was uns behindert, auch was wir blind akzeptieren, reinigen wir durch inneres Saubermachen. Wir können uns befreien mit der Energie der 11, sie bringt die Würde des wahren Ichs ans Tageslicht. Mit der 11 sind wir um spirituelle Reinheit bemüht, stehen zu uns und sind selbstverantwortlich. Die 11 ist aus sich selbst geleitet, sie tritt in den Zauber des Tages, indem sie auch die Welt um sich herum harmonisiert, indem sie Bewusstsein und Perspektiven bringt. Die 11 wird als spektral bezeichnet.

DIE ZAHL
12

Mit der 12 verbinden wir uns mit der Seele der Erde und finden unsere Aufgabe. Wir danken der Erde für ihren Reichtum, ihre Schönheit und Wahrheit und setzen uns für ihre Gaben ein. Wir geben der Erde etwas zurück, ohne an unseren Nutzen dabei zu denken, sondern wir gestalten mit dem Ziel, dass es gut für uns selbst, gut für alle anderen, gut für die allgemeine Entwicklung und auch gut für den Geist der Erde ist. Wer beim Säen nicht ans Ernten denkt, kann den Geist rufen, um das Wachstum zu unterstützen. Mit der Kraft der 12 können wir bewusst leben und geben lernen. Auf der Ebene der 11 haben wir bereits Fixationen und Gewohnheiten hinterfragt und verwandelt. Hier verbinden wir uns mit dem Geist der Erde, und für die Befreiung der Seele bringen wir unsere Aufgaben zu Ende, arbeiten mit am Werk der ganzen Erde und werden zu ihrem Werkzeug. Hören wir allerdings nicht auf ihre Gesetze und ihre Natur, so bringen sie uns Mühsal und Verluste, Trennungen und Scheidung. Hier ist es wichtig, im richtigen Moment loszulassen, den Geist der Erde zu befreien und fruchtbare Erweiterung zu schaffen. Die Erde ist ein Netzwerk mit unzähligen bewussten und unbewussten Verbindungen. Sie sind individuell erfahrbar und jederzeit zugänglich, und wenn wir sie verstehen, können wir die Neuverteilung der Energie mitgestalten. Die 12 hat die Kraft, das unsichtbare Netzwerk der Erde intuitiv zu erfassen und alles auf einmal zu sehen sowie darin zu wirken. Auf der Ebene der 12 finden wir zudem die Kraft für unsere persönliche Regeneration, hier können wir unsere verlorenen Kräfte wiederfinden. Unterstützt von den Naturkräften verbinden sich unsere gesammelten Erkenntnisse mit den konzentrierten Erdkräften und lassen uns aufsteigen. Die 12 wird kristallin genannt, sie befindet sich dort, wo das Denken die Unschuld findet.

DIE ZAHL
13

Die 13 steht für die kosmische Vollendung. Der Geist der Pflanzen transportiert uns in die Unschuld, durch den Tod des Egos können wir uns ständig verändern und mehr lernen, uns unsere Bewegungen bewusst machen, unsere Verwandlung in die Hand nehmen und für das große Ganze handeln. Die Entwicklung ist geistig gesteuert, der Geist und die Seele der Erde helfen uns loszulassen, zu unterscheiden und neue Richtungen einzuschlagen. Wir befinden uns an einer Kreuzung unseres Schicksals, erahnen unseren Weg und entscheiden uns, den heiteren Gefühlen und der Erneuerung im Leben zu folgen. Auf dieser Ebene erarbeiten wir uns unsere innere Reinheit, unsere Aufrichtigkeit dem Himmel und der Erde gegenüber. Die seelischen Verbindungen nehmen wir an, wir lernen mit allen Wesen, nehmen auf, was auf uns zukommt, und erweitern unseren Raum mit Selbsterkenntnis. Mit der 13 begibt sich der Mensch in seine Unschuld gegenüber den höheren Mächten, er geht in seine eigene Tiefe, um zu lernen. Der Himmel wird uns helfen, wenn wir aufgeräumt haben. In den vorigen Stufen haben wir uns geerdet, jetzt erklimmen wir den Himmel, dem wir vertrauen können. Wir spüren die Energie – und der Kosmos bringt uns die Antwort auf unseren Traum. Nachdem die Transformation stattgefunden hat, macht uns der Kosmos Mut. Umringt von unsichtbaren Kräften gestalten sich unvorhergesehene Veränderungen und bringen Erfüllung. Mit der 13 wird man zum Meister seines Schicksals. Hier geben wir unser Ego auf, erfühlen, was existiert, und sterben unseren psychischen Tod – er bewirkt die Auflösung, die angestaute Energie wird freigesetzt. Mit der 13 sind wir in der Frequenz der Veränderung. Auf den vorigen Ebenen haben wir die Gegensätze erlernt – und wenn nicht, wirken sie hier, belehren uns über uns selbst. Mit stärkeren Mächten konfrontiert, lernen wir, psychisch zu sterben, und wir sammeln die Kräfte der Erneuerung für unsere Wiedergeburt. Wir nehmen uns die Zeit für die Eingliederung der Details und die Vervollkommnung. Mit der Kraft der 13 sammeln wir die

Energien des vorigen Zyklus und nutzen sie für den nächsten. Wir springen in die Leere und nutzen auf unserem weiteren Weg unsere prophetische und kosmische Sicht – ab jetzt begegnen wir Veränderungen mit instinktiver Sicherheit. Die 13 wird kosmisch genannt, sie bringt uns die Transzendenz.

Die Zahl
14

Die 14 schafft Unterscheidung, Konzentration und Kontemplation. Wozu bin ich bereit? Jeder von uns trägt sowohl Licht als auch Schatten in sich, beides steckt in uns und muss wahrgenommen und transzendiert werden, wenn wir uns weiterentwickeln wollen. Falls wir es nicht tun, macht es jemand anderer für uns. Wir machen uns mit der Kraft der 14 bereit, neue Erkenntnisse zu sammeln, wir lösen auf, erfassen den Traum des Himmels. Wir achten die Naturgeister und Ansichten der edlen Weisen, denn sie bringen uns unserer Aufgabe näher und helfen uns, die echten Werte zu entschleiern; sie lassen uns die Welt auch von der anderen Seite aus sehen. Wenn wir es bis jetzt noch nicht getan haben, so begleiten wir einschränkende Ansichten unserer Ahnen ins Licht. Wir sehen die Zusammenhänge in den Weltgeschehnissen und wissen, dass die Menschen, die in Beziehungen stehen und auf der Erde wirken, ihr Schicksal beeinflussen, nicht die Götter. Das Wirken der Menschen hat Kraft im Hier und Jetzt.

Die 14 können wir auch als 1 der kosmischen Organisation deuten: Was hat der Himmel für uns erträumt, oder was haben wir mit unseren Gedanken und Gefühlen für unsere und die kollektive Zukunft gesät?

DIE ZAHL
15

Die 15 ist um die Seele bemüht. Hier integrieren wir die seelischen und geerbten Veranlagungen und Beziehungen, um wahr und echt zu werden. Wir wirken mit der Kraft der kollektiven Seele und verwirklichen uns als Mensch, wobei wir Verständnis für die Menschheit und ihre Entwicklung aufbringen müssen. Die Seele braucht harmonische Bindungen, sie bringt dann die unerschöpfliche Kraft der Mitte zum Ausdruck, auch in der Begegnung mit anderen. Wir sind nie allein, in der Erde und den Naturelementen, aber auch in unseren Beziehungen haben wir Seelenverwandte, die wir nicht unterschätzen dürfen. Vielmehr sollten wir gemeinsam an der Befreiung der Seele und der menschlichen Verwirklichung arbeiten. Mit der 15 setzen wir uns mit der Seele und dem kollektiven Karma auseinander, wir analysieren die historischen Figuren, ihre Charaktere und ihre Wirkung auf das "Ganze". Die 15 können wir als 2 des Himmels sehen, hier müssen wir unsere seelischen Beziehungen akzeptieren, um in Harmonie mit der Erde zu leben. Die Dualität von Männlichem und Weiblichem wird hier erfahren und kann zu Verwicklungen führen. Doch im Idealfall integriert der Mann seine weibliche Seite, macht sie sich bewusst und erweitert sie, wenn nötig. Auch die Frau entdeckt ihre männliche Kraft in ihrem Aktionsvermögen und um körperliche Heilung zu erlangen. Mit der 15 entwickeln wir Menschlichkeit sowie ein Verständnis für die seelischen Mängel, ohne auf sie hereinzufallen. Wir verstehen sie im größeren Zusammenhang und kommen der Lösung und Erlösung näher.

DIE ZAHL
16

Die 16 bringt uns die Weisheit unserer Vorgänger, an deren Wissen wir anknüpfen können. Es wirken und überleben dabei nur die echten, dauerhaften Werte auf subtile Weise. Hier werden die großen Pläne geschmiedet, und die Kraft der echten Gefühle verbindet sich mit der Wahrheit der Erde. Die Intelligenz der harmonischen Beziehungen erweckt die Liebe auf der Erde. Das Universum erweitert sich ständig, aber die alten und echten Werte werden schon seit langem gepflegt. Wir suchen hier nach dem Stein der Weisen, der uns mit unserer Einzigartigkeit verbindet und uns auf unseren Weg bringt. Der Weise handelt neutral, und er bewirkt – auch wenn er nicht handelt.

Die Zahl
17

Die 17 ist der Geist des Traumes, der Inspiration, die uns immer zeigt, was gerade nötig ist und benötigt wird. Menschen machen teilweise gleichzeitig dieselben Entdeckungen, denn die Schwingungen transportieren die Informationen, auf die alle zugreifen können. Verbunden mit dem großen Ganzen kann jeder Einzelne seinen individuellen Beitrag zur kollektiven Entwicklung leisten. Klärung und Erforschung des persönlichen und kollektiven Werdegangs sind notwendig, um bewusst zu dieser Ebene vordringen zu können. Von der 17 getragen, realisieren wir Notwendigkeiten und bringen Erfahrungen in die Welt. Der Geist der Träume inspiriert die Entwicklung im Rahmen des Zeitgeistes, und wir Menschen sind seine Werkzeuge. Wir tragen zur Menschheitsentwicklung bei, wir nehmen teil daran mit unseren Erfindungen – aber auch mit unserer Verhaltensweise und unserer Veranlagung.

DIE ZAHL
18

Die 18 bringt das Gesetz der Zyklen, das Gesetz der Gesetze. Erde und Natur sind von Menschen beeinflusst, und als Karma bezeichnen wir die aufgebauten Verbindungen zwischen den Menschen und den Naturelementen sowie die Beziehungen zu Orten und Seelen. Mit der 18 befinden wir uns in den geistigen Dimensionen, wir müssen hier das Konzept des Himmels erfassen, die kollektiven Zusammenhänge und ihre vielseitigen Verbindungen studieren. Um die 18 zu verstehen, müssen wir die Kreationen in den verschiedenen Dimensionen betrachten. Wenn wir die Erde und ihre Elemente achten, werden wir auch ihren Schutz empfangen. Wenn wir aber Wälder vernichten, dann kommen Unwetter auf; Erdbeben haben eine ähnliche Ursache. Wir müssen die Gesetze des Lebens, der Natur kennenlernen oder instinktiv leben lernen und die Vervollkommnung auf der Erde anstreben. Die

Kriege und Streitigkeiten, schlechten Gewohnheiten und Triebe in jedem Einzelnen müssen ständig verwandelt werden, damit unsere Qualitäten Ausdruck finden können. So bringen wir unsere Kräfte dem Himmel dar und werden von der Erde gesegnet und empfangen ihren Schutz.

Mit der 18 integrieren wir persönliches und kollektives Karma, erkennen den Lauf der Dinge, die Gesetzmäßigkeiten aus einer höheren Sicht. Wir werden eins mit den Naturgesetzen und wirken mit ihren Kräften. Wir brauchen oft viele Leben, um mit der Kraft der Erde zu leben, ihren Schutz und ihre Harmonie zu empfangen. Doch dann können wir das vielfältige Netzwerk lesen und finden zur neutralen, lebenspendenden Kraft der Erde, der Wahrheit des Urgrundes, auf dem alles aufbaut, und sind bereit für die harmonische Kreativität des Universums.

Die Zahl
19

Die 19 bewirkt die kreative, rezeptive Kraft, die die harmonische Bewegung möglich macht. Es ist die Kommunikation, die Verständnis und Zusammenarbeit auch auf höheren Ebenen bewirkt, mit Freunden und im Umfeld. Hier greifen wir auch auf die unteren Ebenen zurück, die das harmonische Wachstum möglich machen. Denn wenn alle Kräfte zusammenspielen, dann ermöglichen sie uns den Durchbruch. Wir können uns ständig erweitern und verwandeln, angeregt von der eigenen Empfänglichkeit und von äußeren Einflüssen erklimmen wir die oberen Sphären. Um auf dieser Ebene zu wirken, haben wir unsere Mängel bearbeitet und sind offen für Eingebungen, die eine Möglichkeit zur Wirklichkeit machen können. Die Gesetze der Menschheit haben wir auf den vorigen Ebenen erarbeitet – hier widmen wir uns völlig der Transzendenz und der Unschuld des Planes des Himmels.

DIE ZAHL
20

Die 20 schafft die vollkommene Verwirklichung auf der Erde, auf allen Ebenen. In Vollkommenheit zu leben, gelingt uns vielleicht für Sekunden, Momente, wenn alles im Einklang ist. Doch diese Momente tragen uns dann das ganze Leben, sie tragen uns in die Ewigkeit und wir können diese Kraft und den inneren Frieden weitergeben. Die dauerhaften Werte wollen ständig neu unterstützt werden, denn nur der Mensch, der als ganzer lebt, kann auch als ganzer Mensch schwingen. Die Harmonie ist ständig gegeben, und von dieser Ebene aus erkennen wir auch in allen Disharmonien das Gleichgewicht.

DIE ZAHL
21

Die 21 bewirkt den Aufstieg in weitere Universen. In Verbindung mit allen anderen Ebenen können wir von hier aus transformieren. Wir brauchen die unteren Ebenen, um auch im Kosmos zu wählen und den Gefahren der vernichtenden Intelligenz zu entgehen.

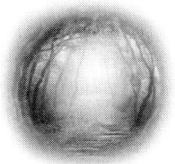

Rituelle Astrologie

Unser persönliches Horoskop zeigt uns unseren individuellen Fahrplan. Der zwölfteilige Kreis fördert unsere Öffnung und die Akzeptanz für unsere Veranlagungen und unsere Qualitäten, wir lernen, sie zu transformieren und zu realisieren. Das Rad zeigt uns daneben die Qualitäten der Zyklen und wie wir uns darauf einstimmen können.

♃
1 – JUPITER

JUPITER ist der Heiler, der Heilung bringt im Sinne von Ganzwerdung. Jupiter hilft uns, unsere Energie zu verdoppeln, indem wir uns selbst akzeptieren und uns lieben. So öffnen wir uns auch für die Liebe der anderen. Mit Jupiter werden unsere Intentionen und Motivationen geklärt, und wir erkennen unseren Weg im Leben – den Weg, der ehrlich und sinnvoll ist. Jupiter transportiert uns in die Unschuld, die das Glück anzieht, und mit seiner Hilfe transformieren wir die Eifersucht und die Ruhmessucht. Auf der Suche nach unserer Bescheidenheit und indem wir uns selbst und die anderen einfach akzeptieren, vervielfältigen sich unsere Qualitäten, mit deren Hilfe wir dann echte Ehren empfangen und zu einer wahren Autorität werden können.

♀
2 – VENUS

VENUS ist der Ästhet, der Gestalter, sie hat Sinn für Schönheit – und mit der Schönheit werden die Möglichkeiten mit der Realität vereinigt. Die Entwicklung der inneren und äußeren Schönheit bringt unseren eigenen Stil hervor und stärkt unsere Gaben, wobei sich wahrer Stil durch Ehrlichkeit und Authentizität formt. Mit Venus werden wir aufmerksam für unseren Körper mit seinen physischen und psychischen Bewegungen. Venus ruft das natürliche Wachstum hervor, der Same entwickelt sich und bringt Blumen und Früchte hervor. Wenn wir Liebe und Schönheit leben, verbessern wir unsere Lebensqualität und die Anmut, die Herrlichkeit auf der Erde. Unter dem Einfluss von Venus schätzen wir das Leben und verschönern es. Wir werden empfänglich für die Harmonie der Natur, ihren Reichtum und ihre Fülle, ihren Strahlenglanz. Wir erforschen unsere Sinne, studieren unsere Eindrücke und werden uns unserer Empfänglichkeit bewusst. Sie führt uns zur natürlichen Einfachheit. So lernen wir, Eitelkeit, Besitzdenken, Gier, Verführung und Gefallenwollen in wahre Schönheit und in echten Reichtum zu verwandeln.

3 – URANUS

URANUS ist der Forscher, der Erfinder und steht für Spontaneität. Sein Denken ist immer sowohl mit den Naturgesetzen als auch mit instinktivem Wissen gekoppelt. Uranus bewirkt zudem überraschende Veränderungen. Unter seinem Einfluss tauschen wir Informationen aus und werden uns unserer Intentionen und Ziele bewusst. Wir erarbeiten die Strategien und Methoden, um weiterzukommen. Wenn wir unser Bewusstsein und unseren persönlichen Werdegang dem Lernen widmen, werden wir zur Harmonie und Weiterentwicklung beitragen. Es geht dabei gleichermaßen um das rationale Lernen und um die irrationale Studie. Wir können unser Tagesbewusstsein überraschen und in die unendlichen Reserven unseres Unterbewusstseins und die der Erde eintauchen, um daraus Informationen zu schöpfen. Wir werden echt und finden das Gleichgewicht zwischen Geben und Nehmen. Wir verwandeln unseren Ehrgeiz in kontinuierliches

Lernen, und der Egoismus löst sich im Anerkennen der Vielfalt auf. Wir sammeln die Resultate unseres Studiums und verwandeln unsere Gedanken und unser Wissen in Weisheit und spontane, instinktive Eingebungen.

4 – MOND

Der MOND symbolisiert die Fruchtbarkeit, er bestimmt unsere Launen, den Rhythmus und das Wachstum. Er ist der Inspirator, der Ernährer – sowohl was unsere reelle als auch was unsere psychische Nahrung betrifft. Der Mond ist treu und aufmerksam, er achtet auf die Bedürfnisse eines jeden. Der Mond ist die Mutter, und im Bauch der Mutter entsteht das Urvertrauen, das Kind fühlt sich wohl, hat Nahrung und entwickelt seine Fantasie. Die persönliche Beziehung beginnt mit dem Mond, wir spüren die anderen. Er ist der Erde am nächsten, beschützt sie und beeinflusst die Zyklen und Jahreszeiten. Diese wie auch die Veranlagungen unserer Seele müssen wir schätzen, um unsere Vorstellungskraft zu befreien. Unter dem Einfluss des Mondes pflegen wir unsere Gefühle und verarbeiten unsere Eingebungen. Wir beleuchten unsere Bedürfnisse und Mängel sowie die der anderen mit dem zarten, sanften Mondlicht. Das Streben und die Wünsche formen sich, die Vorstellungen verwirklichen sich. Wir nähren die innere Pflanze, und unser Gefühlsleben bringt Früchte hervor. Unter dem Einfluss des Mondes fließen wir im Strom unseres Schicksals. Die Kränkung, die Demütigung und die Verletzbarkeit werden verwandelt, die Illusionen und die Verrücktheiten werden zu visionären Vorstellungen verarbeitet.

5 – MERKUR

MERKUR ist der Botschafter, der Wissenschaftler, der Kaufmann und der Alchemist. Unter seiner Leitung entwickeln wir das Verständnis dafür, wie wir unsere Güter vermehren können. Merkur ist zudem auch der Perfektionist, der uns zu Analyse und Synthese anspornt. Wir lernen, den Wert unserer Arbeit zu schätzen, und durch Kommunikation und durch den Austausch mit anderen kommt die Arbeit in Gang. Wir üben uns mit Merkur daneben in Einsicht und Meditation, entwickeln unser Bewusstsein weiter und unterscheiden materielle, psychische und spirituelle Nahrung. Humor und ein Verständnis für die Gegensätze sind ebenfalls Fähigkeiten, die unter dem Einfluss von Merkur entwickelt werden können. Wir verwandeln die Habsucht in Organisationstalent und ernten Intelligenz, Geld und Glück.

6 – NEPTUN

NEPTUN ist der Künstler, der Erneuerer. Die Beziehungen der Menschen erbauen die Zivilisationen. Mit Neptuns Einfluss entwickeln wir ein Gespür für weit reichende Beziehungsgeflechte und eine echte Wahrnehmung der anderen, wir entwickeln unser Bewusstsein. Der persönliche Kontakt mit dem Partner und die seelischen Beziehungen, die Verständigung in der Gesellschaft hängen von Neptun ab, er bringt das Verständnis, den Ausgleich und Gerechtigkeit. Unter dem Einfluss von Neptun wählen wir nach dem Grundsatz, dass es sowohl für uns selbst als auch für die anderen gut sein muss; wir wollen ehrlich und gerecht handeln. Wir verwandeln den Neid, klären unsere Seele und unsere Beziehungen und verwirklichen unsere Stellung in der Gemeinschaft.

7 – MARS

MARS bringt die Initiative, den Mut, er ist der Krieger und besitzt die Kraft der Instinkte. Er verteidigt seine Ehre und hilft dem Geschlagenen. Mit seiner Hilfe können wir unsere persönlichen Feinde überwinden und uns für menschliche Werte einsetzen. Mars ermutigt uns zu handeln, und er zeigt uns den Beginn und das Ende unserer Taten. Seine Energie kann für den Aufbau, aber auch für die Zerstörung verwendet werden. Der Planet lässt uns zu unserem Willen vordringen, er hilft uns, Mut zu fassen, um unsere Werke zu beenden und an der Entwicklung teilzunehmen. Wir verwandeln unseren Zorn, unseren Ärger, unsere Aggressivität, indem wir unsere Instinkte, unsere Motivationen und Intentionen klären, und so transformiert sich unser Zorn in Mut und Kraft für die Verwirklichung.

♄
8 – SATURN

SATURN ist der Verwalter, der Hüter. Er schafft es, die Dinge zu realisieren mit seiner Ausdauer und Geduld, mit seiner Vertrauenswürdigkeit, seiner Aufmerksamkeit. Damit kann er alle Situationen ins Lot bringen. Er steht für die dauerhaften, stabilen Werte, er legt Wert auf Erfahrung und plant langfristig. Mit seiner Geradlinigkeit und Struktur schafft er es, Harmonie zu bilden. Wir lernen unter seiner Herrschaft, Verantwortung für uns selbst zu übernehmen, und wir lernen unsere Kompetenzen kennen. Die saturnische Verwandlung der Angst wird zur Einweihung und hat Macht; wir nehmen die Wirklichkeit an und meistern unser Leben, wir erreichen die Öffnung. Saturn ruft Selbstvertrauen und das Vertrauen der anderen hervor. Mit ihm transformieren wir unsere Schuldgefühle in echte Verantwortung.

9 – PLUTO

PLUTO ist der Erneuerer, der Erfinder, der Regisseur. Durch seine Beziehung mit dem großen Ganzen wird der Mensch zum Werkzeug der Erde, entwickelt seinen Lebensstil und findet seine Verwirklichung. Der Wunsch, Macht haben zu wollen, verwandelt sich in Schöpfung.

10 – SONNE

Die SONNE ist der Meister, der Erzeuger und steht für die Kraft unserer Mitte. Der fröhliche und echte Mensch tanzt in allen Dimensionen und verwirklicht sein magisches Selbst.

FRÜHLING – 21. MÄRZ – OSTEN

I Widder: Der Wille der Seele. Das Feuer der Seele strebt nach Freiheit, und sie wird erreicht, wenn wir unsere Abhängigkeiten annehmen. Die ersten sieben Jahre sind für unsere Entwicklung bedeutend, wir lernen, uns darzustellen und zu kommunizieren. Das Kind strebt nach persönlicher Unabhängigkeit und setzt sich später für die Freiheit der anderen ein sowie respektiert ihre Unabhängigkeit. Die Persönlichkeit formt sich, doch sie steht erst am Anfang, denn der Osten braucht die anderen Richtungen, um sich zu entwickeln. Respekt für das Leben und auch das Wahrnehmen der eigenen Gegensätze hilft uns, das Licht zu empfangen. Geist und Energie sind für die Entwicklung von Selbstbewusstsein und die Ausarbeitung von persönlichen Visionen notwendig.

Verbindungen: der Kopf, das Gehirn, das Zentralnervensystem und das Alter von 0 bis 7

20. April – Südosten – Erde

II Stier: Das Empfinden des Körpers, unser Besitz. Die Entwicklung der Persönlichkeit und die Verständigung beginnen im Widder und im Stier. Wir entwickeln unsere Form und lernen, mit Sprache und Wahrheit umzugehen und zu überzeugen. Der physische Körper entwickelt sich in der Pubertät, wir entdecken die körperliche Liebe, die Welt der Sinne – und so die anderen. Die Dualität von Frau und Mann wird uns bewusst. Mit Augen und Ohren nehmen wir den inneren und äußeren Raum wahr. Die Haut und die Sinne, die inneren Werte brauchen eine äußere Form, in der sie sich zeigen können. Das Erbe kommt von den Eltern, den Großeltern, den Vorfahren, den lichtvollen Ahnen und den Ahnen unserer Seele, und die Anerkennung unserer leiblichen und seelischen Ahnen unterstützt unsere Entwicklung. Indem wir unsere Empfänglichkeit und Sensibilität erweitern, entdecken wir unsere Veranlagungen und Gaben. Die

Verwirklichung der Schönheit führt uns zu unserem inneren Reichtum. Unter dem Einfluss des Stieres entwickeln wir unsere individuelle Form und müssen dabei aufpassen, nicht nachzuahmen und uns anzupassen. Wenn wir nach außen hin etwas darstellen oder als jemand erscheinen wollen, der wir nicht sind, entwickeln wir uns nicht gemäß unserem Plan, sondern zu Diven oder angepassten Mitläufern. Lass mich scheinen, damit ich werde. Lass mich lieben, damit ich Liebe empfangen kann.

Verbindungen: der Hals, die Augen, die Ohren und das Alter von 7 bis 14

♊
21. Mai
Südosten und Süden – Luft

III Zwillinge: Das Denken des Geistes. Unsere Ideen und das Gelernte erweitern sich, wir geben Informationen weiter und überbringen Nachrichten. Mit Hilfe des Rades können wir die Wechselbeziehungen erkennen und erkennen unsere Möglichkeiten, arbeiten an unserem Fortschritt. Wir treffen uns mit Freunden, tauschen unsere Erfahrungen aus und entdecken gemeinsam. Wir erweitern unser Bewusstsein und betrachten die Erde mit all ihren vielfältigen Erscheinungen und Ebenen. Wir hören auf die Botschaften des Geistes und spontane Eingebungen. Wir müssen lernen, gute Fragen zu stellen, um gute Antworten zu erhalten, und das Universum schickt uns Botschaften, wenn wir bereit sind, sie zu hören, und wenn wir die Zeichen, die uns umgeben, wahrnehmen. Wir wählen den Weg, der zur Verwirklichung unseres Selbst und zur fröhlichen Teilnahme am Leben führt. Kleine Ziele werden ausgearbeitet, und Forschungen werden unternommen. Es ist ein Weg, auf dem wir einen Schritt nach dem anderen gehen. Das Erkennen und Kultivieren unserer Gaben hilft uns, unsere Mängel zu verwandeln und Neues kennenzulernen. Wir strengen uns an, die instinkthafte Eingebung, die uns erleuchtet, zu finden, den Weg des geweihten Wachstums. Mit unseren Händen geben und empfangen wir.

Verbindungen: die Arme, die Lunge, die Schultern und das Alter von 14 bis 21

SOMMER –
22. Juni – Süden – Wasser

IV Krebs: Das Gefühl der Seele. Wir behüten unser inneres Kind mit seiner Sensibilität. Das Kind hat keine Schwierigkeiten, gute und schlechte Gefühle anzunehmen – erst als "Erwachsener" unterscheiden wir und kategorisieren, statt alle Gefühle als neutral anzunehmen und sie ebenso neutral zu betrachten. So entwickeln wir die Liebe des Herzens, die wir für das Denken mit dem Herzen benötigen. Wenn wir die mütterliche, nährende Liebe der Erde und des Mondes für uns entdeckt haben, bewirkt das auch die Liebe für unsere Mitmenschen – mit all ihren Veranlagungen. Die physische und psychische Nahrung, die Ideen und Worte, die wir in unserem Kopf drehen, können die Atmosphäre verpesten. Doch im Süden sind wir wieder auf der Suche nach unserer Unschuld und können erneut Vertrauen entwickeln. Hier werden wir uns unserer individuellen Notwendigkeiten bewusst, und wir akzeptieren unsere Familie

– die soziale wie die kulturelle. Der Krebs ist der Seelentherapeut, der Anteil nimmt. Er inspiriert Vorstellungen, unterscheidet, was das Leben unterstützt oder aber behindert. Er spürt, was lebensfeindlich oder förderlich ist für unsere Entwicklung. Mit unseren Gefühlen angenommen zu werden, mit unserem Denken und unserem Körper, ist unumgänglich für unsere persönliche Verwirklichung sowie für unsere harmonische Kommunikation. Unter dem Einfluss des Krebses lernen wir, uns zu pflegen, uns unsere Bedürfnisse zu erfüllen – und wir gewinnen Raum für unsere Vorstellungskraft, für die Welt der Träume. Wir verwandeln Albträume in geistige Visionen. Wir erforschen unsere Gefühle, um Vertrauen und Unschuld zu erfahren – und dann können wir uns auch unsere echten Wünsche erfüllen. Wir werden zum Baum, der uns mit seinen Früchten nährt. Im Wohlbefinden entdecken wir das magische Wesen in uns. Das Zeichen Krebs ist gemeistert, wenn wir gelernt haben, unseren Gefühlen zu folgen und Inspirationen zu empfangen.

Verbindungen: die Brust und das Alter von 21 bis 28

♌

23. Juli – Südwesten – Feuer

V Löwe: Der Wille des Körpers. Unter dem Einfluss des Löwen werden wir dazu ermutigt, einerseits wir selbst zu werden und gleichzeitig aber auch die Vielfalt zu respektieren, die das Gleichgewicht auf der Erde bewirkt. Wir trauen uns, wir selbst zu sein, um am Fest teilzunehmen, mitzutanzen und die Vereinigung mit dem Partner zu erleben. Im Zeichen des Löwen wird das Körperbewusstsein erlebt und entwickelt, auch im Tanz und in der Darstellung – vom Rhythmus angeregt, von den Vibrationen berührt, funktionieren alle Körperteile gemeinsam. Indem wir auf den Rhythmus des Herzens hören, stimmen wir uns auf den Rhythmus der Erde und des Universums ein. Erziehung und Meisterung sind ebenfalls Themen dieses Zeichens, das magische Kind in uns benötigt den fröhlichen Austausch, um sich zu befreien. Die Kommunikation zwischen Erwachsenen und Kindern ist hier wichtig, und wir integrieren die verschiedenen Naturelemente: das

Tier mit seiner Güte, seiner Dankbarkeit, seiner Konzentration und seinem Instinkt, die Pflanze mit ihrem Wachstum, das an ihre Umgebung angepasst ist, die Erde mit ihrer Fruchtbarkeit, den Stein mit seiner Stabilität, seiner Ausdauer und seinen Informationen und das Wissen der Ahnen. Der Traum, die Welt der Symbole und der Bilder, hilft uns, unser Unterbewusstsein zu klären. Vor allem Träume aus der Kindheit und aus Vorleben sind bezeichnend für dieses Zeichen. Die Traumhüter sind die Zwerge, Feen, Elfen und Gnome, die Naturgeister und Genies arbeiten hingebungsvoll für die ganze Erde und verbinden uns Menschen. Sie dienen der Heilung unserer Gefühle und verbinden die verschiedenen Kulturen und Erdteile, sie helfen uns bei unserer Verwirklichung. Der Löwe hat sein Zeichen gemeistert, wenn der Krieger Vertrauen findet und auf den Wunsch seines Herzens wartet, bevor er handelt.

Verbindungen: das Herz, der Solarplexus und das Alter von 28 bis 35

♍

24. August – Westen – Erde

VI Jungfrau: Das Empfinden des Geistes. Das Thema hier ist die Organisation der Einzelheiten, ohne sich in der Perfektion zu verlieren. Das Nebeneinander von Intuition und rationaler Analyse hilft uns, die rohe Vision in eine hellsichtige zu verwandeln. Wir bereiten den Boden, auf dem alles wachsen kann – und wir ernten, was wir säen. Wie wir unsere Eindrücke und unsere Erlebnisse wahrnehmen, hängt von unserer Einstellung und unserem Realitätssinn ab. Wir studieren die Kreisläufe und die Harmonie jedes Organismus, konstruieren, arbeiten Projekte aus und machen wissenschaftliche Untersuchungen. Im Zeichen der Jungfrau arbeiten wir und realisieren unseren Traum auf der Erde, wir bereiten unseren Boden vor. Wir können dabei körperlich und psychisch arbeiten, dürfen aber nicht die psychologische und geistige Betrachtungsweise vergessen. Wir verdauen Informationen, und unsere Handlungen münden in Werke.

Verbindungen: Verdauung, die Gedärme und das
Alter von 35 bis 42

HERBST
24. SEPTEMBER – WESTEN – LUFT

VII Waage: Das Denken der Seele. Unsere Beziehungen mit den anderen und dem Partner sowie die Beziehungen in der Gemeinschaft sind die Themen dieses Hauses. Wir entwickeln die Kunst der Verständigung mit uns selbst und mit den Mitmenschen. Wir akzeptieren das gemeinschaftliche Wirken der Seelen und ihre Verbindungen mit der Welt. Die Waage repräsentiert die Selbstakzeptanz und die Akzeptanz der anderen, sie steht mit ihrer Umgebung in Beziehung und bringt die persönliche und generelle Entwicklung sowie Verwandlung in Gang. In der Waage kommunizieren wir, wir erfahren Bereicherung im Gespräch und im Austausch. Unsere Kompetenz strahlt zusammen mit unserer Ehrlichkeit auf magische Weise. In diesem Zeichen werden die Gegensätze wie männlich und weiblich erlebt und bewusst. Das Ideal der Waage ist die Gerechtigkeit. Sie glaubt, dass jedes Wesen seinen Platz und sein Gleichgewicht finden kann, wenn es zur rechten Zeit am rechten Ort handelt. Das Ziel der Waage ist es, sich selbst zu erkennen und zu leben mit allen Beziehungen; es geht um unsere Verwirklichung und Vollendung inmitten der anderen.

Verbindungen: die Nieren, das Becken und das Alter von 42 bis 49

♏

24. Oktober – Nordwesten – Wasser

VIII Skorpion: Das Gefühl des Körpers. Es ist das Haus des Todes und der Erneuerung. Hier ergreifen wir die Initiative, finden die Energie in den Tiefen unserer Triebe und Gefühle. Die Verwandlung bewegt unsere aus der Tiefe kommenden Kräfte, sie treten ans Tageslicht. Die Intimität und die dunkle Kraft der Erde sind unentbehrlich, um neues Leben hervorzubringen. Mit den Naturgesetzen, den Gesetzen der Kreisläufe, lernen wir, unsere instinktive, starke Energie zu kanalisieren. An einem geschützten Ort können wir *psychisch* sterben, loslassen und leben lernen. Wir üben uns in der Entspannung und entdecken die Wunder unserer Wurzeln. Das natürliche Wachstum festigt unser Vertrauen. Die Engel, das Naturgesetz und die Meister des Karmas unterstützen uns in dieser Richtung.

Verbindungen: die Genitalorgane, die Blase und das Alter von 49 bis 56

23. November – Norden – Feuer

IX Schütze: Der Wille des Geistes. Hier sind wir unserer Richtung, unseren Ideen und unserem Weg treu. Es ist das Haus der Philosophie und des Glaubens. Die wirklichen und psychischen Reisen lassen uns andere Horizonte und Dimensionen erleben. Wir leiden, wenn wir die Anfangsschwierigkeiten nicht in Betracht ziehen, denn der Beginn findet im Dunkeln, im Chaos statt, dort, wo es noch keine Form gibt. Wir nehmen teil an der Welt mit unserem Wesen und mit dem, was wir tun, nach was wir streben, mit unserem Verständnis und unseren Idealen – wir sind in jedem Fall *dabei*. Wir sind von unseren Entscheidungen, unseren Motiven, unserer Richtung abhängig sowie von unserem Verständnis und dem gewählten Weg. Wir können zum "Großen Licht" aufsteigen, die Inspirationen empfangen sowie die Visionen, die unser Leben leiten. Wir bringen unsere Eingebungen danach auf die Erde. Der Geist hilft uns nicht nur, unsere Richtung zu finden, sondern sie auch zu halten. Die Milchstraße hat eine besondere Beziehung zu uns und beflügelt uns.

Verbindungen: die Oberschenkel und das Alter
von 56 bis 63
Chiron, der verwundete Heiler

♑
WINTER
23. Dezember – Norden – Erde

X Steinbock: Die Empfindung der Seele. Dieses Zeichen steht für den Beruf und unsere Teilnahme an der kollektiven Entwicklung. Wir sind verantwortlich für uns selbst, für unsere Stellung im Leben und das Finden unserer Berufung. Indem wir uns für den Polarstern öffnen, hilft uns das, unsere Aufgaben zu erfüllen. Wir brauchen Freiheit, um Verantwortung zu übernehmen, unseren Beruf auszuüben und unserer Berufung nachzugehen. In den vorigen Zeichen haben wir unseren Schatten integriert – und jetzt sind wir flexible Wesen, die für Harmonie sorgen und sich in verschiedenen Dimensionen engagieren. Wir sind verantwortlich für das, was wir machen und hervorrufen. Es ist falsch zu glauben, dass wir irgendetwas tun könnten, das keinen Einfluss auf unser Umfeld hat.

Verbindungen: die Knie und das Alter von 63 bis 70

21. Januar – Nordosten – Luft

XI Wassermann: Das Denken des Körpers. Das Zeichen repräsentiert unseren Beitrag zur Zivilisation. Wir sind das Werkzeug der Welt, die Weisheit in unserem Inneren hilft uns, auf der Erde zu wirken und Segen zu empfangen. Die Meisterengel bringen uns zu unseren Archetypen, wir erleben ihre Unterstützung im Rahmen der Naturgesetze. Hier bringen wir aktiv und behutsam ins Gleichgewicht. Die Wissenschaft unterstützt unseren Erfolg, hilft uns zu unterscheiden. Die Grammatik, die Mathematik, die Geometrie, die Physik und alle Künste können uns in höhere Sphären heben. Wir erkennen unsere weiblichen und männlichen Seiten und die oberen Dimensionen. Freundschaft ist zudem ein zentraler Aspekt dieses Zeichens.

Verbindungen: die Waden und das Alter von 70 bis 77

20. Februar – Osten – Wasser

XII Fische: Das Gefühl des Geistes. Wir können das große Ganze und die ganze Erde fühlen. Allein zu sein und die Verbindung mit dem Ganzen zu erleben, ist das Thema dieses Zeichens. Zur Ganzwerdung schöpfen wir aus der Erdkraft, die Heilung bringt. Wir bauen eine Brücke zur anderen Seite. Wir sind nur ein kleiner Teil im universalen Netzwerk, aber wir arbeiten für das Heil unserer persönlichen und aller Beziehungen auf der Erde sowie für die ganze Erde, angeregt von der kollektiven Entwicklung, den Musen und dem Geist des Traumes. Die Regenerierung ist die Gabe dieses Zeichens, wir schöpfen aus den Erinnerungen der Erde und anerkennen ihre Energie, den Geist, das Wissen und die Macht. Dem Universum können wir vertrauen, wenn wir hier und jetzt präsent sind.

Verbindungen: die Füße und das Alter von 77 bis 84

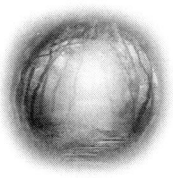

Epilog

Vielleicht fragen Sie sich, wie eine Österreicherin aus der Hauptstadt Schamanin werden konnte. Nun, ich bin in einer Wohnung voller Geister aufgewachsen, im Zentrum von Wien, gegenüber der Hofburg. Die Wohnung war voller Erinnerungen der Künstler, die früher dort ein- und ausgegangen sind. Der Spiritismus, der an diesen Künstlertreffen praktiziert wurde, hatte Spuren hinterlassen. In der Wiege, die in unserem wunderbaren Salon stand, haben sich die Geister mit Geräuschen und als Silhouetten bemerkbar gemacht, und ich hatte anfangs eher Angst vor ihnen. Später aber habe ich, fasziniert von den Perserteppichen, einen Sinn für die kreisförmige Anordnung entwickelt. Ich träumte mit den Kristalllüstern – und alle Räume waren mit Geistern, Ahnen und Vorfahren aus der Vergangenheit gefüllt.

Zu meinem Glück habe ich an den Wochenenden und in den Ferien die wilde Natur genossen. Wir fuhren ins Burgenland an die ungarische Grenze, und ich freute mich, den Tieren näher zu kommen. Meine Lieblingsbeschäftigung war es, mit den Kröten zu diskutieren, neben ihrem Bau auf die Füchse zu warten, die Rehe zu beobachten und in verlassenen Häusern, Ruinen und in einer offenen Fabrik für Zwetschgenschnaps auf Entdeckungsreisen zu gehen. Gerne habe ich mit Blumen und Tieren gesprochen, so dass ich jeden Tag zu spät in die Schule kam. Im Alter von elf Jahren bin ich drei Wochen lang jeden Tag mit einer Blindschleiche in die Schule gegangen. Ich fand sie am Karlsplatz vor der Schule, mitten in Wien. Ich habe sie um den Hals oder um die Schulter getragen, und es war eine wunderbare Zeit, denn niemand traute sich, mir nahe zu kommen. Ich fühlte mich endlich wohl, bis man sie mir wegnahm und in einer Alkohollösung aufbewahrte. Der junge, reizende katholische Religionslehrer, der in der evangelischen Schule unterrichtete, sah mein Entsetzen und meine Enttäuschung. Er gab mir vier Bücher über türkischen, mongolischen und südostasiatischen Schamanismus und den der Korjaken zu lesen und sagte, ich solle am Ende des Jahres über den Inhalt sprechen. Er war danach allerdings leider nach Indien gereist, und ich hatte keine Gelegenheit, über diese phantastische Magie zu sprechen. So behielt ich die Informationen, die ich alle noch besser verstehen wollte, für mich. Etwas später ging ich anstatt zur Schule in die Nationalbibliothek und las viele Bücher über Magie und Schamanismus.

Als ich dreizehn war, sind all meine Freunde zu Otto Mühl in die Kommune gegangen. Ich – obwohl ich die Jüngste war – verstand allerdings nicht, wie sie so jemandem folgen konnten. Ich las stattdessen Castaneda und träumte davon, seine Lehren kennenzulernen – ein Traum, der sich später erfüllte. Sieben Jahre danach lernte ich Don Genaro und die Vereinigungen, die die Lehren von Carlos Castaneda unterstützten und verbreiteten, kennen.

Auf der Suche nach universellen Strukturen studierte ich als Jugendliche das Tibetanische Totenbuch, das I Ging, die Astrologie, das Tarot und die Bücher von Professor Arnold Keyserling. Viele magische und surrealistische Begebenheiten haben sich dabei ereignet. Als ich Freud las, hatte ich beispielsweise alle Krankheiten, die er beschrieb. Mit Reich stellte sich die Frage, woher kommt die Energie: vom Orgon oder aus dem Organismus? Mit C. G. Jung fragte ich mich, ob das Bewusstsein oder das Unterbewusste stärker ist. Mit mehreren Knoten im Kopf machte ich auch im Leben große Umbrüche durch, und nach einer schweren Krankheit lernte ich Menschen kennen, die mich wirklich interessierten.

Mit 20 Jahren fuhr ich mit Prof. Keyserling und seiner Frau zum Kongress für Humanistische Psychologie nach Genf. Bei jeder sich bietenden Gelegenheit hielt Arnold Ansprachen, um die Teilnehmer, die Therapeuten und Heiler mit seiner globalen Philosophie zu vereinen, er gab jeder Disziplin ihren Platz. Bei dem Kongress lernte ich die Therapeuten Elisabeth Kübler-Ross, Roberto Assagioli, Erich Bern, Fritz Perls und Jacques Donnars mit Methoden wie Gestalttherapie, Bioenergie, Sophrologie und Massagetechniken wie Rolfing, Reflexologie, chinesische Medizin und viele andere kennen. Die spirituellen Heiler, die auch an diesem

Ereignis teilnahmen, ermutigten mich und meinten: "Du bist nicht krank, du bist Heilerin." Die Körperarbeit hat mir bei meiner Erdung geholfen sowie dabei, die erlebten Erfahrungen zu sortieren. Mit Meditation und in Trance, mit der Arbeit am Körper und in den Behandlungen, die ich den anderen gab, entdeckte ich meine Gaben: mithilfe von Visionen und Gefühlen zu lernen und die Intuition zu fördern.

Wieder in Wien begann ich, natürliche Heilweisen zu unterrichten, und lernte bei den Einzelbehandlungen und mit der Gruppenarbeit. Mit 21 Jahren war ich beflügelt, von einer anderen Seite inspiriert und ich wollte lernen, um meine Arbeit gut erfüllen zu können. Es schien, als könnten wir den Körper formen und unsere Beziehungen, unser Erbe, unsere Energien und Schwingungen klären. Der kranke Körper präsentiert die Verinnerlichung der Probleme und verlangt nach Unterscheidung. Erst die Liebe für die echten Werte befreit das natürliche Wachstum. In der Kindheit kennen wir noch die Grundregeln für ein besseres Leben ...

Die Begegnungen mit Ronald Laing, dem englischen Antipsychiater, und seiner Gruppe, mit Stanislav Grof und seinen Forschungen über das Unterbewusste, sein Ansatz der holotropen Atmung und die Begegnung mit Fritjof Capra haben mich begeistert.

Nach zwei Jahren intensiver Arbeit mit anderen Menschen begann, was ich als meine Einweihung bezeichne. Zuerst sah ich die Ahnen rund um jede Person, ein sehr unangenehmes Phänomen. Die Geister wollten mit mir alleine sein, sie waren sehr aufdringlich und ich hatte keine Wahl, außer mich mit ihnen zurückzuziehen und mit ihnen zu kommunizieren, auf ihre Botschaften zu hören. Sie brachten Nachrichten aus allen Kulturen, und ich wohnte ihren Diskussionen bei. Aus allen Kontinenten stammend haben diese Wesen ihre Gaben darzubringen, sie kennen keinen Rassismus und bemühen sich, mit Hilfe ihrer gemeinsamen symbolischen Sprache miteinander zu arbeiten. Sie ergänzten sich, und die besten waren die, die um Harmonie bemüht waren. Nach sechs Monaten, man könnte es Delirium nennen, lernte ich die Schamanen kennen, denn Professor Keyserling und seine Frau luden Schamanen nach Wien ein und ich war für einige Monate ihre Assistentin. Bei dem ersten Kongress über Schamanismus in Österreich lernte ich Don José kennen, der damals (1970) 108 Jahre alt war; er half mir bei den Machtkämpfen mit den anderen. Es ist die Unschuld, nicht die Ignoranz, die die guten Geister, die Beschützer und die Freunde anzieht.

Ich fuhr nach Amerika und arbeitete dort mit den Mestizen, und ich begegnete Castaneda, dem ich vorwarf, die Wirklichkeit mit der Geisterwelt in seinen Schriften zu verwechseln. Das Treffen mit Lynn Andrews hat mich berührt, und begeistert war ich von Evelyn Eaton und ihren Ritualen. In Kalifornien begegnete ich Indianern, und ich sah ihre Beziehung zum Geist – sie konnten den Geist rufen und er vollbrachte die Werke.

Schamanen setzten mich ein, und ich konnte über mich hinauswachsen, Kräfte entdecken und meinen Beitrag in der praktischen Arbeit leisten. Die wunderbaren Zeremonien, so furchterregend sie auch waren, haben mir weitere Dimensionen der Welt, auf der wir leben, gezeigt. Die Hypnose von Milton Erickson half mir bei weiteren Machtkämpfen in Kalifornien.

Das Rad drehte sich, und ich kam nach Europa zurück, reich an Erfahrungen. Ich verstand, dass Wissen sehr viel Liebe benötigt, um richtig angewendet zu werden und dem Leben zu dienen.

Man rief mich nach Frankreich, Österreich und Holland, um Seminare zu leiten, und meine Visionen führten mich nach Afrika. So praktizierte ich vier Jahre bei den Dagara in Burkina Faso als traditionelle Heilerin. Seydou, der Oberste der Heiler einer großen Region, unterstützte mich. Ich erbrachte Beweise für meine Hellsicht, und er ernannte mich zu seiner rechten Hand. Ich habe Wunderbares gesehen, und die Genies haben mich eingeweiht. Ich sah Zwerge, Feen, Elfen und Gnome. Es ist schwierig, diese Erfahrungen mitzuteilen, jedoch bestand ich in der Grotte, in der wir uns trafen, darauf, eines ihrer Medizinobjekte auszuborgen, denn ich wollte einen materiellen Beweis, eine Bestätigung für ihre Existenz – und tatsächlich kam ich jedes

Mal mit einem Heilgegenstand heraus. Es war eine großartige Offenbarung, auch wenn die Werkzeuge jedes Mal am folgenden Tag verschwanden. Ich sah aber, dass die Naturgeister uns helfen, unsere Gefühle zu heilen, und Vermittler sind zwischen den Menschen der verschiedenen Kulturen.

Seit 34 Jahren arbeite ich als Schamanin, unterrichte die Heilkraft der Erde, das Medizinrad und Astrologie in Einzelsitzungen, in Ritualen und Zeremonien. In meinem Land gibt es keine bekannten Schamanen, und als ich die Not in der Welt sah, ernannte ich mich zur Katastrophen-Schamanin – obwohl ich Angst vor der Verfolgung der Intellektuellen und Schamanen hatte, wie es im Osten geschehen war. Die Weisen wurden seit jeher verfolgt, doch wir können dieses böse Treiben beenden, indem wir von der Natur lernen und eine transkulturelle Philosophie entwickeln.

Dieses Buch kann als Entmystifizierung des Schamanismus verstanden werden. Es will zeigen, dass die natürliche Weisheit in jedem von uns schlummert. Unser Leben wird begleitet von unserer

Philosophie, sie erweitert sich mit unseren Erfahrungen, sie formuliert unsere Enttäuschung und unser Lernen, sie hilft uns, unsere Meisterschaft zu erreichen.

Viele Menschen haben schamanische Erlebnisse, womit sie zur Heilung der Seelen ihrer Ahnen und zur Harmonie in Beziehungen beitragen können. Bei dieser Arbeit begeben wir uns ins Unterbewusstsein, bekommen die Kraft, unsere Kanten abzuschleifen, und entwickeln ein instinktives Wissen – wir lernen zu erahnen. Auch wenn wir bei dieser Arbeit nicht sofort die materiellen Beweise bekommen, tragen wir dennoch zur kollektiven Entwicklung bei.

ÜBER DIE AUTORIN

Margit Bohdalek wurde in Wien in Österreich geboren. Schon in ihrer Kindheit hatte sie einen engen Bezug zur Natur und kommunizierte mit Naturgeistern und Ahnen.

Heute ist sie Heilerin und Schamanin und teilt seit 30 Jahren ihre Erfahrungen in Form von Seminaren und Ritualen über ganzheitliche Heilmethoden in mehreren Ländern mit.

Weiterführende Informationen zu
Büchern, Autoren und den Aktivitäten
des Silberschnur Verlages erhalten Sie unter:
www.silberschnur.de

Natürlich können Sie uns auch gerne den
Antwort-Coupon aus dem beiliegenden
Lesezeichenflyer zusenden.

Ihr Interesse wird belohnt!

160 Seiten, broschiert
ISBN 978-3-89845-360-8
€ [D] 6,95

Vadim Tschenze

Matrix-Numerologie

Unsere Schwächen und Stärken, unsere Charaktereigenschaften, Anlagen und Ziele, sogar unsere Familienqualitäten – sie alle sind in unserem Geburtsdatum zu finden. Die Matrix-Numerologie bietet Ihnen einen Weg, sich selbst anhand Ihres Geburtsdatums besser kennenzulernen. Sie ermöglicht es Ihnen, Ihre verborgenen Talente und Ihre wichtigsten Qualitäten, die Ihnen mitgegeben wurden, zu erkennen.
Mit dieser Methode erfahren Sie, wer Sie wirklich sind und warum Sie hier sind. Sie erkennen Ihre Wege.

160 Seiten, broschiert
ISBN 978-3-89845-453-7
€ [D] 6,95

Christine Lindemann

Astrologischer Gesundheitsratgeber

Die Astrologie ist seit der Antike eine der vier Säulen der Heilkunde – und auch heute hilft das Verständnis über die Zuordnung der menschlichen Organe und Körperregionen zu den 12 Tierkreiszeichen enorm bei der Heilung. Christine Lindemann liefert nicht nur Zugänge zum tieferen Verständnis eigener Krankheitssymptome. Sie zeigt darüber hinaus wirksame und oft verblüffende Wege, um Körper und Seele mithilfe der Astrologie zu stärken.
Um dieses praktische Buch nutzen zu können, brauchen Sie keine astrologischen Vorkenntnisse.

Andrea Buchholz

Astrologische Glückslinien

Ihr Astro-Ticket zum Lebensglück!
Andrea Buchholz erklärt, wie astrologische Energielinien der Planeten, die die Erde umrunden, das Leben positiv beeinflussen.
Entdecken Sie, wie Sie Ihre persönliche Astro-Erdkarte erstellen und mit dieser herausfinden, welche Orte die richtigen für Sie sind – für die Liebe, den Erfolg oder das Leben im Allgemeinen.

184 Seiten, broschiert
ISBN 978-3-89845-438-4
€ [D] 6,95

Folgen Sie den Sternen und finden Sie Ihren persönlichen Traumort, an dem sich Ihr Lebensglück endlich entfalten kann.

Myra

Devas – Die Natur hinter der Natur
Saint Germains Vermächtnis

Im Hinhören und Wahrnehmen der Klänge der Natur können wir das wiederentdecken, was wir zur Harmonisierung brauchen. Dieses Buch führt Sie zu Ihrer inneren Stimme, die Sie stets zur richtigen Pflanze, zum richtigen Metall, zum richtigen Mineral – zu einer lichtvollen Alchemie der Heilung lenkt.
Machen auch Sie sich mithilfe von Saint Germain die Heilkraft der Natur zunutze.

176 Seiten, broschiert
ISBN 978-3-89845-357-8
€ [D] 6,95

192 Seiten, broschiert
ISBN 978-3-89845-428-5
€ [D] 14,95

Marita Zonker

Weisheiten der Baumseelen
Gespräche mit Bäumen und Naturengeln

Dieses Buch lädt Sie ein, der Weisheit, dem Wissen und der großen Liebe der Bäume und der Natur zu begegnen. Marita Zonker hat die Gabe, mit den Bäumen, deren Seelen sowie Naturengeln und anderen Wesen des Naturreichs zu kommunizieren, mit ihnen zu empfinden und sie zu verstehen – und diese Gabe gibt sie an uns weiter.

Lernen Sie, die Bäume und andere Naturwesen zu verstehen, und erfahren Sie von ihnen nicht nur Zuspruch und Heilung, sondern auch äußerst wertvolle Botschaften über unseren Umgang mit der Natur, deren Wesen und die Zukunft der Erde ...

256 Seiten, broschiert
ISBN 978-3-89845-353-0
€ [D] 16,90

Ellen Vande Visse

Der spirituelle Garten
Wie Naturgeister uns helfen

Ellen Vande Visse lädt Sie ein, harmonisch mit dem Naturreich zusammenzuarbeiten. Unterhaltsame Erzählungen erläutern Schritt für Schritt, was Sie tun können, um gemeinsam mit der Natur zu gärtnern und mit den Elementarwesen zu kommunizieren. Dieses Buch lehrt uns, mit den Pflanzen als Lebewesen zusammenzuarbeiten. Ein Buch über außergewöhnliches Gärtnern, das Sie bis zur letzten Seite nicht mehr aus der Hand legen werden.

240 Seiten, broschiert
ISBN 978-3-89845-401-8
€ [D] 11,00

Monika Molitor

Magie für Junghexen

Bist du fasziniert von Magie und Hexenkunst und möchtest gerne wissen, ob magische Kräfte in dir schlummern?
Dieses zauberhafte Buch begleitet dich in die Welt der Magie und hilft dir zu erkennen, welche übersinnlichen Fähigkeiten du besitzt und wie du diese entfalten und einsetzen kannst. Magie zu betreiben heißt oft, die Welt mit anderen Augen zu sehen. Schärfe deine Sinne für die Anderswelt, damit ein Weg für dich begehbar wird, der dein Leben tiefgehend verändert.
Nur Mut, entdecke deine Fähigkeiten, beginne mit diesem Buch.

120 Seiten, 2-fbg., broschiert
ISBN 978-3-89845-452-0
€ [D] 12,95

Silke Gramer-Rottler

Was uns alle trägt

Die Kraft des Urvertrauens in einer reizüberfluteten Welt

Wir leben in einer schnelllebigen Welt, in der Hektik, Ignoranz und Ängste unseren Alltag bestimmen. Silke Gramer-Rottler zeigt uns, wie wir zurückfinden können zur berühmten Leichtigkeit des Seins. Sie erklärt uns, wie wir in unserem Leben wieder Raum schaffen können für die wesentlichen Dinge und wie dadurch die ganzen Unsicherheiten des Alltags verschwinden. Dieses inspirierende Buch fordert uns alle auf, innezuhalten in unserer schnelllebigen, reizüberfluteten Welt und uns auf den Weg zu machen, unseren Ängsten zu begegnen, um zu erfahren, dass das Leben uns trägt.